U0838011

财务柔性、社会连带与企业财务行为研究

户 青◎著

中国经济出版社
CHINA ECONOMIC PUBLISHING HOUSE
·北京·

图书在版编目（CIP）数据

财务柔性、社会连带与企业财务行为研究 / 户青著
. —北京：中国经济出版社，2022.8
ISBN 978-7-5136-7033-3

Ⅰ. ①财… Ⅱ. ①户… Ⅲ. ①公司-财务管理-研究
-中国 Ⅳ. ①F279.246

中国版本图书馆CIP数据核字（2022）第146389号

责任编辑　张梦初
责任印制　马小宾
封面设计　任燕飞

出版发行　中国经济出版社
印 刷 者　北京柏力行彩印有限公司
经 销 者　各地新华书店
开　　本　710mm × 1000mm　1/16
印　　张　10.75
字　　数　200千字
版　　次　2022年8月第1版
印　　次　2022年8月第1次
定　　价　78.00元
广告经营许可证　京西工商广字第8179号

中国经济出版社 **网址** www.economyph.com **社址** 北京市东城区安定门外大街58号 **邮编** 100011
本版图书如存在印装质量问题，请与本社销售中心联系调换（联系电话：010-57512564）

版权所有　盗版必究（举报电话：010-57512600）
国家版权局反盗版举报中心（举报电话：12390）　　服务热线：010-57512564

摘 要

财务柔性体现了企业对内部资源的调配能力，是企业在进行财务决策时考量的重要因素。当今世界环境变幻莫测，不确定性日益加剧，这既可能给企业带来一定程度的负面冲击，也可能带来有利的投资机遇。相应地，企业对资源的掌控能力以及应对风险的灵活性在未来发展中越发重要。在实务中，企业持有大量现金，维持低负债策略，这种财务行为对企业而言有意义吗？市场对此有何反应？站在资本市场的角度，财务柔性价值反映了投资者对企业财务柔性变动的市场评价，那么，投资者的反应会对企业调整财务行为产生影响吗？并且，在我国关系型社会的特殊背景下，社会连带作为企业与外界联系的重要途径，能够给企业带来大量的外部资源，增强企业应对风险的能力。企业在调整其财务行为的过程中是否会受到社会连带的影响呢？基于此，有必要将社会连带纳入财务柔性价值与企业财务行为的研究中，探讨财务柔性价值与社会连带对企业财务行为的影响，以增强企业预防和应对环境不确定性的能力，从而更好地实现企业长期价值创造。

本书以不确定性理论、柔性理论、资源理论以及企业财务理论为基础，分析财务柔性价值对企业财务行为（包括现金持有行为、负债融资行为和股利支付行为）的影响。本书的主要贡献在于：①从财务柔性价值的角度出发，系统考察了财务柔性价值对企业财务行为的影响，综合考量企业与投资者通过资本市场信息的互动行为，有助于深化对企业财务决策行为机理的认识和理解。②基于我国关系型社会的制度背景，本书在研究财务柔性价值与企业财务行为关系的基础上，进一步考察社会连带对其发挥的调节效应，厘清财务柔性价值与社会连带对企业财务行为的影响，弥补了该领域研究的不足。③考虑异质性对企业财务行为的影响，区分不同产权性质以及不同市场化环境下，研究社会连带对财务柔性价值与企业财务行为影响的差异，为企业调整财务行为提供经验证据，丰富并深化了该领域的研究内容。④采用基于市场导向的财务柔性价值度量指标，补充了财务柔性度量方法的相关研究。

在相关理论和文献述评的基础上，本书采用2007—2014年沪深A股上市企业的经验数据进行实证研究，研究发现：财务柔性价值是影响企业财务行为的重要因素，并且，社会连带对二者之间的关系发挥显著的调节效应。具体来看：①财务柔性价值高的企业倾向于提高企业现金持有量；社会连带对财务柔性价值与现金持有发挥显著的反向调节效应，且该调节效应在国有企业与制度环境较差地区的企业中表现更为显著。②财务柔性价值高的企业倾向于采取降低企业负债融资的行为；社会连带对财务柔性价值与负债融资行为发挥显著调节效应，在非国有企业以及制度环境差的地区的企业中该调节效应更显著。③财务柔性价值高的企业更倾向于不发放股利，社会连带对财务柔性价值与股利支付发挥反向调节效应，进一步分组检验后发现，国有企业与制度环境差的地区的企业社会连带对财务柔性价值与股利支付发挥了更强的调节效应。④财务柔性价值高的企业倾向于采取减少企业研发支出的行为；社会连带对财务柔性价值与研发支出发挥了显著的调节效应。进一步检验分析发现，国有企业与制度环境差的地区的企业社会连带对财务柔性价值与研发支出发挥了显著的调节效应。⑤财务柔性水平对企业绩效具有显著的正向提升作用；社会连带对财务柔性水平与会计绩效具有显著的负向调节作用，对财务柔性水平与市场绩效具有显著的正向调节作用。

关键词：财务柔性；社会连带；现金持有；负债融资；股利支付

目 录

第一章　绪论

第一节　研究背景与问题的提出

“黑天鹅”事件的不断爆发对世界经济带来深远影响，从2008年的金融危机到2020年的新冠肺炎疫情，给各个经济体的发展带来严峻挑战。当前世界经济发展不均衡，企业面临的外部环境不确定性加剧，这些都给企业的生存和发展带来巨大压力，而企业财务行为决策的正确与否直接关系到企业的生死存亡。Reeves等（2016）在过去五十年的跨期里对美国超过三万家上市企业进行调查，发现当今企业消亡的速度比以往任何时候都快，企业的生命周期不断缩短（从1970年的平均五十多年下降到2010年的平均三十多年），由于无法适应周边越来越复杂的环境，上市企业有1/3的概率在未来五年内摘牌，退市比率是四十年前的六倍。可见，企业所处的外部生存环境更加恶劣，这对管理层的决策能力提出更高的要求。2020年新冠肺炎疫情的暴发，更是对企业的资金掌控能力提出严峻挑战，许多企业因为业务的停止而陷入财务困境，特别是中小企业，破产倒闭的不胜枚举。根据全国企业破产重组重整案件信息网发布的公告，仅2020年1—2月就有2926家企业破产或被强制清算，相较2019年同期的2116件增长幅度达到38.28%，这迫使那些在疫情中存活下来的企业必须采取相应措施降低其面临的破产风险，进而避免陷入破产困境。同时，叠加经济下行压力加大的影响，实体经济债务违约风险也明显聚积。这些都是企业财务柔性管理能力问题的表现形式。另外，在全球范围内，诸多企业持有大量现金或者维持较低的负债水平，特别是一些优秀的高科技企业，更是拥有大量的现金储备，如苹果的现金储备量多到“富可敌国”。那么，这种财务行为对企业而言有价值吗？

对于企业而言，合理进行财务安排以适应环境变迁和战略发展是关乎企业生存与发展的重要问题。多位学者通过调查研究发现，财务经理认为对企业资本结构决策最重要的驱动因素是获取和保持财务柔性（Graham and Harvey，2001；Bancel and Mittoo，2004；Brounen et al.，2006）。企业在选择财务行为时必须重点关注分析财务柔性等财务信息（葛家澍和占美松，2008）。著名评级机构“惠誉”对发行人违约评级（Initiator Default Ratings）的关键评级指标中就包括财务柔性等因素。诸多研究表明现金持有与财务杠杆是财务柔性的重要来源。可见，企业在选择财务行为时应重点考虑财务柔性。那么，随之而来的问题是，当企业财务柔性变动的信息传递到资本市场，是否会引起投资者的关注，其是否会对此做出反应？怎么去衡量这种传导效应以便把企业的财务行为与市场反应进行结合？这里，需要重点考察财务柔性价值，财务柔性价值反映了投资者在资本市场上对企业财务柔性的估值与定价。

进一步地，站在企业的角度，是否能接收到投资者的市场反应信号并给予关注，进而采取调整财务行为的方式对此进行回应？企业所采取的财务行为是在现状分析和对未来预测的基础上所做出的边际决策。站在资金的来源角度，现金是企业内部资金的重要来源，当企业内部资金不足，则需要从外部借入资金以维持正常经营，这就产生负债融资行为；企业在经营周期期末进行成果分配，股利政策是广大投资者关注的重点，而是否进行股利支付会影响企业的资金配置，并进一步影响企业的现金持有和负债融资；另外，站在资金的支出角度，出于对企业发展战略的考虑，除了日常经营活动配置的流动资金和长期资金，还有大量资金会用于企业的研发支出，以保持企业的核心竞争力和长期发展能力。因此，从企业资金活动的全过程来看，现金持有、负债融资、股利支付与研发支出等财务行为是企业进行资金配置的重要途径，反映了企业对资源的获取能力以及配置效益。并且，这些财务行为之间具有一定的联动性，单一行为的变动可能影响其他财务行为，因此，应当对企业的财务行为进行综合考量，联合安排以保持适当流动性。

在我国新兴经济体制度背景下，企业拥有的社会连带关系能够给企业带来大量资源，比如政治连带。那么，企业在调整其财务行为的过程中是否会受到社会连带的影响？社会连带又对这种行为调整产生何种效应？

企业是与外部经济环境密切联系的节点，可以通过这些关系获取稀缺的资源（边燕杰，2000），而非孤立存在的个体。并且，在我国，非正式关系广泛存在于政治、经济和社会的方方面面，错综复杂的关系使得各类组织交织在一起，对经济发展和企业行为产生深远影响。社会连带作为企业与外界联系的重要途径，能够给企业带来稀缺资源，增强企业应对风险的能力，并对企业的运营产生重要作用，若忽视这种关系来研究企业财务行为将可能导致片面甚至错误的结论。因此，有必要将社会连带纳入财务柔性价值与企业财务行为的研究中，探讨财务柔性价值与社会连带对企业财务决策行为的影响，以增强企业预防和应对环境不确定性的能力，从而更好地实现企业长期价值创造。

基于此，本书在前人研究基础上将社会学融入企业财务，将社会连带纳入财务柔性价值与财务行为关系的研究中，并进一步对其作用机理和影响路径进行分析。本书尝试解决以下主要问题：

（1）企业的财务行为是反映其财务状况的重要方面，投资者是否会对企业的财务行为做出反应？站在资本市场的角度，财务柔性价值反映了股东在资本市场上对企业财务柔性的评价，因此，需要首先对财务柔性价值进行考察。

（2）进一步地，站在企业的角度，财务柔性价值是否影响企业财务行为？即企业管理层是否对投资者发出的市场信号做出反应？并且，如果企业对接收到的市场信号进行回应，那么，财务柔性价值又会如何影响企业的财务行为选择？需要考察财务柔性价值对企业财务行为的影响。

（3）在我国关系型社会的特殊背景下，社会连带作为企业与外界联系的重要途径，能够给企业带来大量的外部资源，增强企业应对风险的能力。那么，企业在选择财务行为的过程中是否会受到社会连带的影响呢？需要进一步考察社会连带对财务柔性价值与企业财务行为关系的影响。

（4）在我国，不同产权性质的企业具有很大的异质性，国有企业比非国有企业享有更多的优惠和有利条件，将对企业的财务行为产生影响；而不同地区经济环境发展的不平衡也会影响企业行为选择。企业的异质性和制度环境的差异造就了不同企业在寻求资源的过程中，对财务柔性价值与社会连带的反应不同，需加以区分，考察在不同产权性质和制度背景下，财务柔性价值与社会连带对企业财务行为的影响，以便深入分析企业财务行为背后的作用机理和传导路径。

第二节　研究意义

（一）理论意义

近年来，学者们越来越多地关注财务柔性研究，但总体而言，并没有形成系统的研究体系和框架，目前财务柔性方面的研究主要集中于财务柔性的内涵、财务柔性与企业价值、财务柔性对投融资决策的影响等方面，但关于财务柔性对企业现金持有行为、负债融资行为和股利支付行为等相关财务行为的影响的研究并未得到足够的关注，特别是结合我国制度背景，将财务柔性与企业社会连带相结合研究其对企业财务行为的影响的更为少见。本书在进行相关研究时，力求从理论框架、逻辑分析和实证检验等方面有所突破，以期对企业财务理论做出增量贡献。本书的理论意义体现在以下几个方面：

第一，基于财务柔性价值的视角研究财务柔性对企业财务行为的影响，为研究企业财务行为提供新的研究视角。对财务柔性的内涵进行界定并采用综合全面的指标度量。从现有的国内外文献分析来看，有关财务柔性的度量问题并没有形成统一的认识。并且，已有的研究对于财务柔性并没有清晰明确的定位，甚至大量研究直接采用现金持有或资本结构的相关指标作为财务柔性的替代和衡量方法。这样的衡量方法难以涵盖财务柔性的本质特征。对此，本书首先对财务柔性进行概念界定，进而在指标设计上，舍弃传统的直接以企业财务指标作为财务柔性的度量指标，而采用立足客观和面向未来的指标衡量方法，以对企业财务柔性进行更合理的衡量，客观判断其在企业未来财务行为选择的影响。

第二，本书立足于我国特殊的制度背景，将财务柔性价值与企业社会连带相结合来研究其对企业财务行为的影响，有利于拓展财务行为影响因素的研究内容，并进一步考虑在不同产权性质和市场环境条件下，社会连带对财务柔性价值与财务行为发挥的不同调节效应。对于分析和研究企业财务行为具有积极的启示意义和参考价值。

第三，研究内容上将企业微观财务行为与中观层面的社会连带相结合，丰富中微观层次相融合的研究内容。现有文献对于财务柔性理论的研究主要集中于微观层面，即企业财务柔性对财务行为的影响，而关于社会连带对企业的影响的研究主要集中于社会连带对企业经济后果的影响，对于财务行为的关注相对较少。且已有研究中将宏观层面、中观层面与企业微观行为相结合的研究较少（姜国华和饶品贵，2011）。因此，本书立足于中国特殊的制度背景，将中观层面（企业社会连带）与微观层面（企业财务柔性）相结合，研究其对企业财务行为的影响。有助于更全面地认识财务行为的影响因素，更深入地分析企业财务行为的传导路径，为预测企业未来财务行为提供参考，为企业财务行为研究做出贡献。

（二）实践意义

当下，企业所处的外部环境不确定性日益加剧，充满了机遇和挑战。企业既可能遭受巨大负面冲击，承担经营风险；也可能抓住良好的投资机遇，进而发展壮大。相应地，企业掌控的资源以及应对风险的灵活性在未来发展中越发重要，这也是企业生存和发展的前提条件。然而，一旦企业决策失误，造成资金链断裂，可能会给企业带来不可挽回的损失，甚至是灭顶之灾。因此，财务决策作为企业管理决策的关键内容，其行为动因和决策效果是企业决策的重点和难点。

在此基础上，基于财务学和社会学的基本理论，研究财务柔性价值与企业社会连带对财务行为的影响，分析企业财务行为的动因和传导路径，为管理层合理选择财务行为提供理论依据。财务柔性价值是投资者基于资本市场对企业财务柔性的评价，是外部市场的行为反应。这种信号传递到企业中，为企业进行财务行为选择提供依据。而社会连带能够给企业带来大量的信息和资源，降低经营风险，促进企业的长期发展。管理层应综合考虑财务柔性价值带来的市场信息，以及社会连带对企业决策的影响，从而做出合理的财务行为选择，增强企业应对不确定环境的反应和预防能力，以更好地实现企业的长期价值创造。因此，研究财务柔性价值与社会连带对企业财务行为的影响，对于提升企业财务调配能力和资源配置效益具有重要的现实意义。

第三节　研究方法

（一）文献分析法

进行任何科研工作，必然要了解该研究领域目前已取得的研究成果、明确研究现状，把握该研究领域的研究前沿、科研进展，而这些工作离不开文献的积累与梳理。因此，文献研究被广泛应用于各种学科的研究中。对文献进行档案研究是进行科研工作的必要前提和必经阶段。本书主要通过查阅大量的财务柔性与社会连带的国内外相关文献，特别是对经典文献的阅读、梳理和总结，了解财务柔性与社会连带与企业财务行为研究的相关内容，以及研究脉络和前沿动态。在此基础上，尝试找出现有研究的局限，从而确立本书的研究问题和基本理论研究框架。

（二）规范分析法

规范分析法主要是依据相关的理论基础，将理论与现实相结合，对研究问题和对象进行定性分析。本书主要基于资源理论、柔性理论、不确定性理论，以及企业财务的相关理论，在理论分析的基础上提出财务柔性、社会连带与企业财务行为的研究假设，构建理论模型，为后续的实证研究奠定理论基础。

（三）实证研究法

实证研究法是目前较为流行的研究方法，其侧重于对研究对象采用相关数据进行客观定量分析，对现实中的客观现象进行检验，合理推论，解释并预测其发展规律的一种方法。科研工作的目的就是对现实世界进行客观解释，并科学地进行合理预测。实证研究通过对客观现象进行理论解释，提出假设，构建模型，采用实证分析软件验证模型的合理性和准确性，进而得出研究结论。本书主要对财务柔性价值、社会连带与企业具体财务行为之间的关系进行实证研究，在实证分析中主要采用描述性统计、相关性分析、回归分析等方法进行统计分析，并针对因变量、自变量及调节变量之间的关系，对相关研究模型进行检验。

第四节　创新之处

本书主要基于财务柔性价值的角度，分析财务柔性价值与社会连带对企业财务行为的影响，丰富了企业财务行为研究的相关内容。本书的创新点主要包括：

（1）采用财务柔性价值作为财务柔性的度量指标，补充了财务柔性度量方法的相关研究。目前学术界对财务柔性的度量多集中于财务柔性水平，即使用现金持有或财务杠杆或者二者结合的方式，而这种度量方法容易与企业决策产生内生性问题，从而陷入自我循环的困境，而采用财务柔性价值则可以规避这一缺陷。财务柔性价值是投资者在资本市场上对企业财务柔性的综合评判，有利于从投资者市场反应的角度合理地解释和预测企业行为。

（2）本书基于财务柔性价值的研究视角，系统考察了财务柔性价值对企业财务行为的影响，综合考量企业决策层与投资者通过资本市场信息的互动行为及其影响，拓展财务行为研究的相关内容。站在投资者的角度，财务柔性价值反映的是投资者在资本市场上对企业财务柔性的评价，将信息反馈给企业；而站在企业的角度，财务行为的调整体现了企业对接收到的投资者信息的回应，将信息进行下一次传递。系统分析企业与投资者信息的传导机制，有助于深化对企业财务决策行为机理的认识和理解。

（3）基于我国关系型社会的制度背景，本书在研究财务柔性价值与企业财务行为关系的基础上，进一步考虑社会连带对其发挥的调节效应，厘清财务柔性价值与社会连带对企业财务行为的影响，弥补了该领域研究的不足。目前在财务柔性对企业财务行为的研究中，并未考虑我国关系型社会这一特殊的制度背景，社会连带作为企业对外联系的重要途径，必将对企业产生全面而深刻的影响，将财务柔性价值与社会连带相结合有助于更合理地认识企业的财务行为。本书立足于我国特殊的制度背景，以财务学和社会学的相关理论为理论基础，将财务柔性价值与社会连带相结合来考察企业财务行为动因，为研究企业财务行为及其资源配置提供经验证据，从而弥补文献中有关财务柔性价值与社会连带对企业财务行为研究的不足。

（4）考虑异质性对企业财务行为的影响，区分不同产权性质以及不同市场化环境下，研究社会连带对财务柔性价值与企业财务行为影响的差异，丰富并深化了该领域的研究内容。进一步打开财务柔性价值与社会连带在不同条件下对企业财务行为的作用机理“黑箱”，从而对企业财务行为的研究进行合理探索，对企业财务理论的发展和完善提供有益的补充。

第五节　研究内容及结构

本书研究内容共包括九章，具体研究内容及结构安排如下：

第一章，绪论。本章主要介绍研究的背景和主要的研究问题，阐述本研究的理论意义和实践意义，说明本书所采用的研究方法，对本研究可能存在的创新点进行分析，最后对本书的研究内容及结构进行说明。

第二章，理论基础与文献综述。首先，本章对相关理论基础进行概述，随后对财务柔性与财务柔性价值的内涵进行分析和界定，对财务柔性的相关度量指标进行归纳和评价，以及对财务柔性对企业财务行为的相关研究进行梳理、总结和评析；其次，就社会连带的内涵进行分析，对其概念进行界定，并针对社会连带的类型以及其对财务行为的影响进行归纳和总结；最后，对国内外有关财务柔性、社会连带的相关文献进行梳理和评述。

第三章，财务柔性价值指标设计。本章在综合分析财务柔性价值影响因素的基础上，基于资本市场的角度，构建财务柔性价值的计算方法，以此作为财务柔性的度量指标。

第四章，财务柔性价值、社会连带与现金持有。本章在相关理论分析和研究假设的基础上，首先，就财务柔性价值对现金持有行为的影响进行实证检验，研究发现财务柔性价值与现金持有呈显著正相关关系；其次，将财务柔性价值与社会连带相结合研究其对现金持有行为的影响，发现社会连带对财务柔性价值与现金持有发挥显著的反向调节效应；最后，考虑不同产权性质和不同市场环境特征，将样本进行分组检验，考察财务柔性价值与社会连带对现金持有的影响并进行对比，结果发现国有企业相比非国有企业更为敏感，社会连带对财务柔性价值与现金持有的调节效应更显著，而且，相对于制度环境较好地区，较差地区的企业社会连带对财务柔性价值与现金持有更能发挥调节效应。

第五章，财务柔性价值、社会连带与负债融资。本章首先针对财务柔性价值与负债融资的影响进行实证分析，发现财务柔性价值高的企业倾向于采取降低企业负债水平的行为。其次，将财务柔性价值与社会连带相结合，实证检验其对负债融资的影响，发现社会连带对财务柔性价值与负债融资发挥显著调节效应。最后，在考虑不同产权性质和不同市场环境的情况下，进一步分组考察财务柔性价值与社会连带对负债融资的影响并进行对比，检验结果发现，相比国有企业，该调节效应对于非国有企业更显著；同样地，在制度环境差的地区的企业社会连带对财务柔性价值与负债融资发挥了更强的调节效应。

第六章，财务柔性价值、社会连带与股利支付。本章在基于相关理论分析提出研究假设的基础上，就财务柔性价值对股利支付行为的影响进行实证检验和分析，发现财务柔性价值高的企业更倾向于不发放股利。进一步将财务柔性价值与社会连带结合研究其对股利支付行为的影响，发现社会连带对财务柔性价值与股利支付发挥反向调节效应。在此基础上，区分企业不同产权性质和所处制度背景对其影响进行分组检验，实证发现，相比非国有企业，国有企业社会连带对财务柔性价值与股利支付行为发挥了更强的调节效应；相对于制度环境好的地区，制度环境差的地区的企业社会连带对财务柔性价值与股利支付发挥更显著的调节效应。

第七章，财务柔性价值、社会连带与研发支出。本章在基于相关理论分析提出研究假设的基础上，就财务柔性价值对研发支出行为的影响进行实证检验和分析，发现财务柔性价值高的企业更倾向于减少研发支出。从财务柔性价值、社会连带与研发支出行为的回归结果分析来看，社会连带与财务柔性价值的交互项系数显著为负，表明社会连带对财务柔性价值与研发支出发挥显著的调节效应。考虑到产权性质和制度环境会对企业的研发行为产生影响，进行分组检验，发现社会连带在国有企业中对财务柔性价值与研发支出行为发挥了更强的调节效应。相对于制度环境好的地区，在制度环境差的地区企业研发支出更为依赖社会连带的强度，社会连带对财务柔性价值与研发支出行为发挥了显著的调节效应。

第八章，财务柔性、社会连带与企业绩效。本章在基于相关理论分析提出研究假设的基础上，从资源配置的角度研究财务柔性与社会连带对企业绩效的影响，分别对短期会计绩效和长期市场绩效进行检验和分析。研究发现：第一，财务柔性对企业的会计绩效和市场绩效具有显著的正向提升作用。第二，社会连带在财务柔性与会计绩效之间具有显著的负向调节作用，在财务柔性与市场绩效之间具有显著的正向调节作用。

第九章，研究结论与研究展望。本章对本研究的研究结论进行阐述，归纳总结本研究的不足，并对未来的研究加以展望。

第二章　理论基础与文献综述

本章主要介绍财务柔性与社会连带对企业财务行为影响的相关研究。首先，对相关理论基础进行介绍和分析；其次，介绍了财务柔性与财务柔性价值的含义和相应的指标度量方法，并回顾、归纳和总结财务柔性对财务行为影响的相关国内外文献；再次，对社会连带的含义进行界定，对相应的指标评价方法进行系统梳理，在此基础上对社会连带与企业财务行为的相关国内外文献进行回顾和梳理；最后，结合本研究所涉及的制度背景予以探讨，在归纳和总结已有研究的基础上提出本研究的切入点。

第一节　理论基础

（一）不确定性理论

随着经济的快速发展，不确定性的加剧给企业发展带来巨大压力。不确定性是社会发展和经济活动中普遍存在的现象，是经济活动和经济决策中重要的影响因素。同时，不确定性又是经济学和管理学中非常重要的概念，且在组织理论研究中也发挥了重要作用，特别是在分析组织与环境之间的关系方面（Dill，1958；Thompson，1967；Duncan，1972；Wholey，1989）。关于不确定性的含义，学术界并没有达成一致。Knight（1921）对风险和不确定性进行了区分，认为不确定性是指人们无法预知甚至无法推测将要发生的事情。这是指真实不确定性，未来发生什么以及发生的概率都无从知晓。《新帕尔格雷夫经济学大辞典》将不确定性分为外生不确定性（Exogenous Uncertainty）和内生不确定性（Endogenous Uncertainty）。外生不确定性是指产生于经济主体之外且不受自身范围影响和控制的不确定性，内生不确定性是指产生于经济系统范围的内部，并影响经济主体决策效果的不确定性（Coase，1937）。现代信息经济学中对不确定性也有类似的划分。

Milliken（1987）认为不确定性可以分为状态不确定性（State Uncertainty）、影响不确定性（Effect Uncertainty）和反应不确定性（Response Uncertainty）。其中，状态不确定性是指无法预测客观环境状态的变化，影响不确定性是指无法预测未来环境状态对组织的影响，反应不确定性是指无法预测相应决策的结果。这个观点得到了广泛的关注。随着研究的推进，一部分学者倾向于把不确定性归为研究信息成本约束下的最优决策问题，而另一部分学者则认为应当重点研究不确定性在经济组织发展中的重要作用和意义。

面对企业经营环境不确定性的日益加剧，保持一定的财务柔性对企业而言非常必要。随着企业管理和决策的难度不断升级，管理层需要充分考虑不确定性的影响，以做出合理的决策行为。

（二）柔性理论

柔性作为应对未来不可预见变化的重要且有效的方法之一，受到理论界和实务界的双重关注。在国外，有不少学者研究表明，企业在高度动态不确定的环境中，超额利润主要源自企业的柔性能力，而非专业经验或惯例，高柔性化能力是绩效表现突出的企业的必备条件（Voberda，1997；Byoun，2008）。柔性理论研究起初关注组织柔性，认为柔性化组织应具有足以应对环境变化的能力（Ashby，1964），组织柔性化能力包括包容能力、纠错能力和敏感性能力等，是多种能力的综合表现（Golden and Powell，2000）。组织柔性需要管理者有很强的管控能力，保持变化与稳定的平衡（Volberda，1997）。

柔性产生于系统内部，是系统具有的内在特有的能力。追求利益最大化和适应环境变化是企业发展柔性的动力和压力，企业保持柔性需要不断学习、开拓创新，系统地整合企业内外资源，以应对环境变化带来的挑战（万伦来、达庆利，2003）。柔性理论应用领域非常广泛，涉及组织行为理论、权变理论、风险管理、战略管理等多个领域。财务柔性则是从财务视角对柔性理论加以运用，表现为主动适应财务环境的动态变化，管理财务风险，对财务资源有效整合的综合能力（赵华、张鼎祖，2010）。因此，柔性主要是为适应环境变化和处理不确定性而设置的，是企业对自身价值保值增值的重要手段。

（三）资源理论

资源是企业进行财务安排和社会连带发挥作用的基础，资源的有效获取与合理配置对企业的运营发展至关重要。对此，学者们分别提出了资源基础理论（Resource Based Theory）和资源依赖理论（Resource Dependence Theory）。

资源基础理论认为企业是资源的集合体，企业的异质性源于资源禀赋的差异，并在此基础上构成企业的竞争优势。然而，并不是企业所有的资源都能带来竞争优势，只有企业拥有并控制了独特的资源和能力，且这些资源具备有价值、稀缺性、难以模仿以及无法替代的特性，才能给企业带来竞争优势。因此，对关键资源进行识别、开发、利用是管理活动中的重要内容。该理论认为企业可以通过获取和利用稀缺资源与特殊能力，构建核心竞争力，实现企业长远发展和价值创造的目的。由于企业决策的复杂性和环境的不确定性，企业可以通过组织学习获取知识和能力；采用知识管理提高效率，增强竞争优势；社会连带是获取外部资源的重要通道，企业可以通过建立外部社会网络促进知识创造和能力的培养，增加企业独特的优势资源。资源基础理论强调企业战略决策的出发点应当以资源为中心（Teece et al.，1997）。

资源依赖理论认为应将组织的目标集中在资源的特性和战略要素市场上，并以此来解释企业的竞争优势和差异化，强调对关键资源的获取和控制（Lee et al.，2001）。由于环境的不确定性以及资源的稀缺性，企业为保障自己的利益，降低环境变化带来的不利影响，倾向于追求更多的资源。

企业资源包括资源获取和资源配置两个方面，资源获取影响资源配置。

社会连带有助于企业稀缺资源的获取与投资机会的把握，而财务柔性体现了企业的资源配置能力。因此，财务柔性与社会连带必将对企业财务行为产生重要影响。

第二节 财务柔性相关文献回顾

（一）财务柔性与财务柔性价值的含义

外部环境的不确定性和财务的动态变化是财务柔性存在的前提条件，柔性是为应对外部环境不确定性和适应财务动态变化而存在的。因此，企业财务柔性依赖于所处的财务环境，是特定财务环境和相应财务状态下的柔性（DeAngelo et al.，2007）。

财务柔性（Financial Flexibility）也称财务弹性，学术界对于财务柔性的定义并没有统一的认识。财务柔性早期研究主要关注财务柔性事中和事后的反应和适应能力，将财务柔性定义为企业在应对非预期资金需求时能够迅速采取行动降低不利影响的应对能力（Heath，1978；FASB，1984）。

Graham 和 Harvey（2001）通过调查 392 名 CFO 关于资本成本、资本预算和资本结构的内容，发现企业发行债务时重点关注财务柔性和信用评级。企业在进行负债融资时最重要的影响因素是财务柔性，这也得到了 Bancel 和 Mittoo（2004）、Brounen 等（2006）的支持。随后，研究转向关注财务柔性在应对不确定环境时的主动预防和利用能力，并认为财务柔性是企业在预防或利用不确定事件时，能够及时调配财务资源来满足资金需求，以实现企业价值最大化的能力（Graham and Harvey，2001；FASB，2008；Byoun，2011；DeAngelo and DeAngelo，2009；曾爱民等，2011；曾爱民等，2013；等等）。

Gamba 和 Triantis（2008）认为财务柔性是以低成本来获取和重构企业财务资源的能力，并构建理论模型分析影响财务柔性价值的重要因素，其后得到Rapp等（2014）经验数据的支持。葛家澍和占美松（2008）提出财务弹性（即本书所指的财务柔性）是企业能够及时采取行动应对预期外资金需求以及把握有利投资机会的能力，并且指出这种能力需要从观察现实能力和预测潜在能力两方面进行估计。赵华和张鼎祖（2010）认为财务柔性是因主动适应动态变化的财务环境和处理系统不确定性而在管理财务风险过程中表现的一种系统综合能力，包括财务缓冲能力、适应能力、协调能力和创新能力。这些研究强调了财务柔性“以变应变”的综合能力。

由此可见，财务柔性是企业的一种重要能力。随着研究的推进，学术界对于财务柔性的认识经历了由浅入深、由片面到综合的过程。在属性方面，财务柔性的定义体现了由“被动”到“主动”，即从早期关注财务柔性的事中和事后的反应和适应能力，到后来关注主动预防和利用能力，以及综合财务能力。

基于以上分析，本书将财务柔性定义为，根据企业所处的内外部财务环境，以实现企业长期价值创造为目标，基于对企业现实能力和潜在能力的分析，所体现出的企业对财务资源的综合调配能力和可持续的财务支持能力。

财务柔性对于企业而言具有一定的价值。财务柔性价值是基于资本市场的角度，投资者对企业财务柔性的综合评判所给出的价值判断。Byoun（2011）指出财务柔性价值在于提供了处理未来不确定性事件的选择权。财务柔性价值无法直接观测到，且不是恒定的，其大小取决于相关影响因素（Killi et al.，2011）。财务柔性贯穿于企业的生存与发展的全过程。首先，企业要生存，需要储备充足资金以维持日常经营的需要，一旦资金链断裂，将对企业造成一定损失甚至使其陷入财务困境，而保持财务柔性将使企业避免陷入财务困境，以及减少由此造成的企业成本；其次，企业要发展壮大，需要扩大规模，增加投资，这就需要追加更多的资金投入，当企业外部融资受限时，往往主要依靠内部资金来解决，而事前保持一定的财务柔性有助于缓解资金压力，把握有利投资机会，进而提升企业价值。因此，企业财务柔性价值主要体现在两个方面，一是避免产生财务困境的相关成本，二是当资本取得受限时能够缓解投资不足问题（Rapp et al.，2014）。

（二）财务柔性的度量方法

学术界关于财务柔性的测量并没有达成统一认识，目前对于财务柔性的度量主要存在三种观点：第一种观点认为财务柔性是企业目前是否满足资金需求的财务水平，并采用相关财务指标进行替代度量；第二种观点认为财务柔性是避免陷入财务困境的财务冗余度，将目前财务状况实际值与理论值的差额作为财务柔性的度量指标；第三种观点从价值的角度对财务柔性进行度量，并采用模型计算财务柔性价值大小。目前的研究多采用前两类，而基于财务柔性价值的研究相对较少。

1. 财务柔性水平的测量

诸多学者认为企业财务柔性主要源于高现金持有或（和）低财务杠杆，并由此展开对财务柔性的研究。赵蒲和孙爱英（2004）采用剩余举债能力的度量方法，将企业负债水平与行业平均负债水平进行比较，即企业剩余举债能力 = Max（0，同行业平均负债水平 – 企业现有负债水平）。顾乃康等（2011）从现金持有视角出发，采用三种方法（行业中位数法、拟合值法、全样本三分位数法）对企业现金储备是否充足进行识别。

DeAngelo 和 DeAngelo（2009）基于理论分析，提出通过对财务政策联合性安排获取财务柔性，即保持合理的现金持有、财务杠杆及权益支付实现企业最优财务安排。曾爱民等（2011）和曾爱民等（2013）采用现金柔性和负债融资柔性的衡量指标，将连续三年属于样本最高 30% 的企业界定为财务柔性企业，其中，现金柔性为企业现金持有率减去行业平均现金持有率，负债融资柔性为行业的平均负债比率减去企业的负债比率，小于 0 的取值为 0。Arslan 等（2014）采用负债水平和现金持有水平对财务柔性进行衡量，并分别按其中位数进行分组，分为低负债、高负债、低现金持有和高现金持有四组，在此基础上，对二者结合使用，分为低负债高现金持有组和高负债低现金持有组，考察东亚国家财务柔性对投资决策和企业绩效的影响，并着重考察了金融危机前后的差异，发现企业更多地采用保守负债行为保持财务柔性，而较少地通过持有大量现金实现。

另外，也有学者认为财务柔性应当是企业多个财务指标的综合体现，而不能仅仅采用现金持有和财务杠杆的方式，并通过构建综合指数的方式对财务柔性进行度量。韩鹏（2010）运用主成分分析法，采用留存收益资产比等9个指标构建财务柔性综合指数。马春爱（2011）综合考虑现金指标、杠杆指标和外部融资成本指标三项内容，构建多维财务柔性指标体系，包括3个一级指标，8个二级指标，并分别采用层次分析法和变异系数法赋予权重，以全面反映影响财务柔性的各类因素。周心春（2012）对反映现金持有量大小及企业负债水平高低的两类共8个财务指标，采用因子分析法计算财务柔性综合指数。

2. 采用实际值与估计值之差的财务柔性

Marchica和Mura（2010）基于剩余举债能力测度财务柔性，研究财务柔性对投资能力的影响。研究采用连续三年具有剩余举债能力的企业作为财务柔性企业，研究财务柔性是否影响企业的投资能力以及之后的长期绩效表现。实证结果发现，现金流与投资显著正相关，说明投资依赖于内部现金流，而现金流与财务柔性的交互项系数显著负相关，表明财务柔性企业能够降低投资对现金流的敏感性，进而抓住投资机会，提高投资能力。而且，在考察投资之后的绩效表现上，财务柔性同样表现出一定的价值，文中采用了资本资产定价模型（CAPM）和Fama-French（1993）三因子模型计算超额回报对财务柔性企业进行研究，结果表明，财务柔性企业长期绩效表现更好。因此，实证结果表明财务柔性企业投资更多，效果更好，财务柔性有助于提升企业的长期绩效。

Hess和Immenkotter（2012）使用实际负债率与保持企业目标评级的负债率临界值之差来测量举债能力。Jong 等（2012）采用避免使企业陷入财务困境的最大负债比率与实际负债比率之差（剩余举债能力）来度量财务柔性。Ferrando等（2014）对财务柔性采用剩余举债能力的衡量方法，发现财务柔性提高了企业的投资能力。Yung等（2015）借鉴Marchica和 Mura（2010）对财务柔性的衡量方法，对财务柔性在新兴市场中的价值进行研究。研究发现，财务柔性有助于企业提高投资能力，降低投资现金流敏感性；另外，财务柔性会使企业减少股利支出，增加现金持有。同时，财务柔性有助于增加企业价值，特别在金融危机期间，有助于减少外部环境带来的不利冲击。

也有学者提出采用超额现金测量财务柔性，即计算实际现金与正常现金持有之差来对财务柔性进行度量（Opler et al.，1999；Dittmar and Mahrt-Smith，2007；Harford et al.，2008）。

3. 关于财务柔性价值的测量

Byoun（2011）指出财务柔性价值在于提供了处理未来不确定性事件的选择权。财务柔性价值无法直接观测到，且不是恒定的，其大小取决于相关影响因素（Killi et al.，2011）。

Gamba和Triantis（2008）通过理论推导和数据分析，表明财务柔性价值取决于企业的成长性和成熟度、持有现金的有效成本、外部融资成本，以及资本的可逆性等影响因素。Clark（2010）对财务柔性价值的研究也基本遵循了这样的思路，研究指出现金的边际价值是外部融资成本和企业成长机会的增函数，是持有现金的有效成本和资本可逆性的减函数，并采用现金持有的边际价值作为财务柔性价值的代理变量，用以度量股东财富变动对企业现金持有量变动的敏感程度。指标构建中的主要影响因素为现金持有比率和财务杠杆，并重点分析财务柔性价值对资本结构，以及动态资本结构的影响。王志强、张玮婷（2012）借鉴Clark（2010）对财务柔性的度量方法，研究财务柔性与股利政策之间的关系，研究发现在中国特有的半强制分红背景下财务柔性是影响企业股利行为的关键因素。张玮婷、王志强（2015）采用该度量方法从财务柔性角度检验地域因素对股利政策的影响，并认为地域因素通过影响企业外部融资约束进而影响财务柔性的边际价值最终对企业股利政策产生影响。

Rapp等（2014）认为财务柔性价值应当是客观的，面向未来的，站在市场股东的角度对企业的财务状况进行的综合评判；并根据Gamba和Triantis（2008）理论推导的财务柔性价值的影响因素，提出测量财务柔性价值的方法，包括企业成长机会、盈利性、持有现金的有效成本、外部融资成本以及资本的可逆性五个因素，并将其合成一个变量。模型中采用Fama和French（1993）的三因素模型以及Faulkender和Wang（2006）的现金边际价值模型，建立测量财务柔性价值的回归模型，并根据相应指标计算得到的分配权重计算每家企业每年的财务柔性价值。

综上分析，财务柔性测量指标的选择体现为由片面到综合、独立到联动，由单指标、双指标、多指标到综合指标。在作用导向方面，由立足过去到面向未来。立足过去指以既定的财务指标衡量财务柔性对企业的投融资决策和绩效的影响；面向未来是指对企业的未来发展进行综合评判，并以此作为财务决策行为的基础和依据，研究财务柔性如何影响企业未来的财务行为和经营状况。这种演变为后续研究提供了方向，但这类研究概念框架居多，在经验证据方面比较欠缺。

（三）财务柔性与财务行为

1. 财务柔性与现金持有行为

随着经营环境的变迁和复杂化，企业有动机保持财务柔性以应对未来不确定性。企业持有现金的动机包括投机、预防和交易成本（Keynes，1936）。现金持有是对投机和预防带来的收益与交易成本之间的权衡，而投机和预防则取决于企业投资与现金流变动的特征，也就是说企业投资对现金流越敏感，现金流波动越大，企业现金持有的边际价值应当越高。Rapp等（2014）研究发现，财务柔性价值高的企业倾向于增加现金持有。Opler等（1999）研究发现，当未来不确定性高，现金流波动增大，企业会持有更多的现金，外部融资约束较大的企业现金持有量会更高。Ferreira 等（2005）研究发现，受融资约束的企业会增加现金持有，以保持财务柔性，缓解未来外部融资压力，提高投资能力，并随后得到Denis 和Sibilkov（2010）等学者研究的支持。Baum 等（2007）研究发现，行业风险增加时，企业倾向于增加现金持有量。Lee（2010）研究发现，相比金融危机之前，企业金融危机之后的投资显著减少，现金持有却明显增多，说明经历金融危机之后，管理者更倾向于储备现金，提高财务柔性以规避风险。

通过对企业异质性的研究发现，具有不同特征的企业提高财务柔性的方式存在一定差异。Byoun（2007）研究发现，规模不同的企业获取财务柔性的方式存在差异。对于留存收益为正的大企业而言，主要通过积累留存收益，采取低负债并增持现金的方式保持财务柔性；而对于成长性高的小企业而言，由于债务融资约束较强，这类企业通常采用权益融资的方式增持现金，并以保持低负债水平的方式提高财务柔性。Byoun（2011）发现财务柔性受企业规模和成长性的影响，相对而言，企业规模越小，且成长性较大的企业更偏好财务柔性，并且采取高现金持有与低负债相结合的财务政策。

2. 财务柔性与负债融资行为

传统的权衡理论认为，企业通过权衡债务的税盾收益与财务困境成本来确定目标资本结构，然而，企业的负债比率远低于理论预测的水平。Clark（2010）认为权衡理论是对一定时期融资行为的静态分析，由此得出负债率的预测值要显著高于实际负债比率，因而无法解释实际的资本结构。而多位学者的研究把企业剩余负债能力归因于财务柔性（Graham and Harvey，2001；Gamba and Triantis，2008；Denis and McKeon，2010；Marchica and Mura，2010；Jong et al.，2012）。

Graham 和 Harvey（2001）通过对财务经理进行资本成本、资本预算和资本结构相关内容的调查，发现大企业较多依赖现值工具和资本资产定价模型，而小企业相对采用回报标准；大量企业采用企业风险而非项目风险来评估新的投资项目。企业发行债务时重点关注财务柔性和信用评级，企业在进行负债融资行为时最重要的考虑因素是财务柔性。对高管人员调查研究则发现，企业在选择资本结构时，财务柔性是最重要的影响因素，企业会从战略角度出发，选择低于理论预测的负债水平，以便满足未来融资的需要（Pinegar and Wilbricht，1989；Bancel and Mittoo，2004；Brounen et al.，2006）。

DeAngelo 和 DeAngelo（2009）以及 DeAngelo 等（2011）研究发现，权衡理论忽略了债务相关成本中包含的未来可能无法因此融资的机会成本，这种机会成本源于负债融资在不同期间的动态依赖程度，如企业当前过度使用负债融资，可能会因此造成以后投资不足。因此，企业在进行资本结构选择时，需要权衡债务税盾收益和财务困境成本以及前述的机会成本。考虑到企业未来的融资需要，选择较低的负债水平是最优的资本结构决策。实际上，Clark（2010）采用美国上市企业进行大样本研究结果同样支持了上述动态调整的理论分析，并认为财务柔性是影响资本结构选择的决定因素，财务柔性价值越高，企业负债水平越低。

Killi 等（2011）认为企业选择负债融资时，应当保留剩余举债能力，采取事前维持低负债水平的策略。当企业产生额外资金需求时——比如受到不利冲击或发现投资机会——企业需要借助权益融资或债务融资的方式予以满足，考虑到股权融资的代理成本和发行成本较高，且融资效率较低，债务融资相对是更好的选择。因此，为了满足未来不确定性事件产生的额外融资需求，企业需要保留一定的财务柔性。

Byoun（2011）研究发现企业负债水平与财务柔性之间呈倒U形关系，随生命周期不同而发生变化。处于发展期的企业资金需求大，倾向于股权融资，负债水平较低；而成长期企业往往会采取发行债券的方式，具有较高的负债水平；成熟期企业则主要依赖内部资金，负债水平适中。

Jong等（2012）认为企业在选择资本结构时需权衡负债带来的节税收益和破产成本的权衡。实证检验结果发现，负债比率与理论预测相比太低。企业会偏离最佳的负债比率，财务柔性对此进行了强有力的诠释。因此，财务柔性是影响资本结构决策的重要因素。

Rapp等（2014）研究发现，财务柔性价值高的企业往往会降低当前的负债水平，保留部分剩余举债能力以快速取得未来投资项目所需的资金，或者应对未预料到的现金流冲击。相比权益融资，债务融资取得资金的速度更快。

3. 财务柔性与股利支付行为

企业选择股利支付行为时需权衡收益和成本。一方面，对股东分配股利传递了企业较好的盈利前景，不分配股利可能被认为管理者用以增加自己的财富，对于所有者来说相当于增加了成本。而分配股利可能有助于减少股权代理冲突（Jensen，1986）。相反，Faulkender和Wang（2006）发现支付股利的企业现金的边际价值更低。支付现金股利会导致企业现金减少而降低财务柔性，若减少现金股利的发放或多采取股票回购则有助于财务柔性的提升（Guay and Harford，2000；Jagannathan et al.，2000）。Lie（2005）发现增加股利支付的企业通常财务柔性较高，筹资成本较低，不会因支付股利而缺乏资金或放弃投资机会。Oded（2008）研究发现管理层采用股票回购的支付形式有助于企业保持财务柔性，抓住更多投资机会。股利政策需平衡代理成本和财务柔性。

Bulan和Subramanian（2008）研究发现，企业会为了提高财务柔性而暂停中止发放股利。在股利中止发放期间，企业会进行更多有价值的投资并改善经营绩效。然而Daniel等（2010）却认为管理者即使放弃投资也不愿轻易减少股利发放，因为现金股利的减少通常被认为是向市场传递负面信号。与现金股利相比，股票回购一般没有固定的支付承诺。并且，企业对股票回购有很大的自由裁量权，对于已宣布的回购数量也没有法律责任全数购买（Grullon and Michaely，2004），根据Brav等（2005）有关股利行为的调查结果，相对于发放现金股利，企业更倾向于回购股票。Rapp等（2014）研究指出，采取股票回购方式可以降低企业的融资约束。因此，财务柔性价值高的企业更愿意选择股票回购，选择不支付或者少支付现金股利，财务柔性价值低的企业则更倾向于选择现金股利支付。

Bonaimé 等（2013）认为股利决策与金融避险有一定关系，现金股利与金融避险正相关，股票回购与金融避险负相关，股票回购更有利于提升企业的财务柔性。因此，从保持财务柔性的角度出发，管理者更倾向于选择股票回购而不是现金股利。显然，企业选择适当的股利政策既能提高财务柔性，又能发挥避险作用。

基于已有研究可以发现，现有文献对财务柔性的度量并未取得一致结论。

一方面，多数文献基于现金持有、举债能力或综合二者的角度对财务柔性的水平进行测量，缺乏对财务柔性综合全面的度量；目前这些衡量方法大多是基于对现实能力的观察，缺乏对未来潜在能力的预测，而对财务柔性潜在能力的预测正是管理者选择财务行为的重要依据。只有对企业整体的财务柔性给予合理评判，把握企业当前的财务柔性大小，才能对企业未来的财务行为提供科学的依据和行动指南。

另一方面，目前的研究大多按照一定的标准区分财务柔性企业，并未给出财务柔性具体值，后来有研究采取现金持有边际价值或者剩余举债能力测量财务柔性大小，从判断“是不是”到计算“具体值”，较之以往的衡量更为贴切，但仅采取现金持有边际价值或举债能力来度量财务柔性显得单薄，不够综合全面。因此，研究方向应当向更加精细化发展，寻求更为准确的测量方法，计算企业财务柔性的大小，以对企业进行财务决策行为提供更加准确有效的判断方法，并在此基础上对财务柔性与财务行为之间的关系进行合理分析。

除此之外，财务柔性是企业选择财务行为的重要出发点，与财务行为之间的关系是重要的研究内容。现有国内有关财务柔性的研究多是追随国外的研究内容，但我国的关系主导型社会不同于西方国家，忽略社会连带影响因素可能造成研究结论的偏差，应当开展更多基于我国制度背景的创新性的研究。

第三节 社会连带相关文献回顾

（一）社会连带的定义

社会连带是影响个人态度、选择和决策的重要因素（Brandes et al.，2015），进而影响企业行为和经济活动。企业并不是孤立存在的个体，而是与外部经济环境密切联系的节点，通过这些关系可以获得稀缺的资源（边燕杰，2000）。在中国，非正式关系广泛存在于政治、经济和社会的方方面面，错综复杂的关系使得各类组织交织在一起，对经济发展和企业行为产生深刻影响。一般而言，社会连带中蕴含着丰富的信息流和业务机会，能够为企业的发展提供资源支持，有助于企业获取和配置政府资源、社会资源和商业资源。

社会连带是指企业作为社会节点与外部环境发生的网络联系。对企业而言，由于自身资源有限，需要从外部获取资源，在内部配置资源。社会连带是企业构建外部关系的重要途径，以便企业嵌入社会网络中。社会连带作为企业获取资源的外部影响因素受到学者的广泛关注，Peng和Luo（2000）认为通过发挥社会连带关系的隐形沟通作用，可以为企业争取丰富的社会资本和商业资源。Boyd和Fulk（1996）提出高管对环境的感知是组织获取信息的重要来源，在企业获取外部信息途径上发挥重要作用。可见，高管的社会连带是帮助企业获取外部资源的重要途径和可靠方式。CEO作为企业核心管理层，在对企业制定战略和发展决策上拥有很大自主权，在一定程度上引领企业的前进和发展方向。本书采用社会连带作为企业社会连带的衡量指标，将社会连带定义为企业CEO的政治连带、商业连带和银行连带。

（二）社会连带的测量

社会连带也指社会关系、社会联系。国外的相关研究主要通过考察管理层的个人特征，比如工作经历、教育背景和其他活动，对社会连带进行界定。研究中更多关注企业的商业连带网络，如不同企业之间管理层相似的经济行为。国内研究中，由于制度背景不同，除了商业连带，学者们同时也较为关注政治连带和银行连带。

Peng和Luo（2000）对社会连带采用政治连带和商业连带进行度量，设计量表发放调查问卷，对政治连带采用企业高管与各级政府部门领导、与行政管理机构、与管理和制度机构官员的联系程度进行度量；对商业连带采用企业高管与顾客企业高管、与供应商的高管、与竞争对手的高管联系程度进行度量。高宇和高山行（2010，2011）也采取此量表对社会连带进行度量。谢言等（2010）对上述量表从管理者层面扩展到企业层面，对政治连带采用企业与各级政府的关系，与管制部门和支持机构建立和保持关系的强度进行度量；商业连带采用企业与供应商、客户、竞争对手建立和保持关系的强度进行度量。Sheng等（2011）对社会连带采用政治连带和商业连带进行度量，通过设计量表，采用问卷调查方式，对政治连带采用企业领导与政府领导建立的联系进行测量，包括企业领导与各级政府部门领导、与管制部门、与金融机构官员、与政府机构建立联系的强度进行测量；对商业连带采用企业领导与不同商业企业领导建立联系的强度进行度量，包括企业领导与供应商企业领导、与客户企业领导、与技术合作企业领导、与营销合作企业领导、与竞争企业领导建立联系的强度。刘婷和李纲（2012）、李瑶等（2013）采用相同的方法对社会连带进行度量。

张祥建等（2015）认为社会连带可以采用政治连带和商业连带进行衡量，并以CEO的任职经历来衡量企业的社会连带，包括政治连带和商业连带。政治连带通过CEO是否曾经在相关政府部门有过任职经历衡量并赋值，商业连带通过CEO在其他企业兼职岗位的数量进行测度并赋值。社会连带将政治连带和商业连带综合考察，将二者进行加总再求均值进行计算。

除了综合测量，学者主要通过研究企业社会连带的具体方式来探讨其对企业经济后果的影响。

1. 政治连带

政治连带对企业而言是有价值的资源（Fisman，2001），特别是在法治环境越弱、金融发展越差和政府对资源控制越强的国家和地区，企业越有可能建立政治连带（Faccio，2006；Boubakri et al.，2008；Chen et al.，2011）。

现有文献对政治连带的度量主要采用企业高管是否具有政治背景（Faccio，2006，2009；Fan et al.，2007；Boubakri et al.，2008；Chen et al.，2012；杜兴强等，2009；邓建平、曾勇，2009；罗党论、唐清泉，2009；余明桂等，2010；田利辉、张伟，2013；戴亦一等，2014）。当企业CEO或高管中至少有一位担任或曾经担任人大、政协、政府机关、检察院、法院、中国人民银行或者军队的相关职务，则认为具有政治连带。这种方法被广泛采用，取值方面有虚拟变量（有/无）和连续变量（打分/比率）两种。

另外，也有文献以企业特征作为政治连带的替代，如以企业CEO是否由政府部门任命作为政治连带的替代变量（Cull et al.，2015），以企业捐赠作为政治连带的代理变量（Goldman et al.，2009），以政府拥有企业股权比例作为政治连带的衡量指标（Adhikari et al.，2006），以企业所在地与政治人物出生地或居住地同在一个城市作为具有政治连带（Faccio and Parsley，2009）。还有一些研究采用问卷调查的方式进行测度，Peng和Luo（2000）设计量表发放调查问卷，对政治连带采用企业高管与各级政府部门领导、与行政管理机构、与管理和制度机构官员的联系程度进行度量。高宇和高山行（2010，2011）也采取此量表对政治连带进行度量。谢言等（2010）对Peng和Luo（2000）的量表从管理者层面扩展到企业层面，对政治连带采用企业与各级政府的关系，与管制部门和支持机构建立与保持关系的强度进行度量。Sheng等（2011）通过设计量表，采用问卷调查方式，对政治连带采用企业领导与政府领导建立的联系进行测量，包括企业领导与各级政府部门领导、与管制部门、与金融机构官员、与政府机构建立联系的强度进行测量。刘婷和李纲（2012）、李瑶等（2013）采用与Sheng等（2011）相同的方法对政治连带进行度量。

2. 商业连带

企业的商业连带是指企业在商业上有互动关系的企业连带和社会网络，衡量方法包括企业高管在其他企业兼职情况，或采用调查问卷考察企业与其他相关联企业的联系程度进行度量。

张祥建等（2015）对企业CEO在别的企业兼职情况进行赋值，以此作为商业连带的代理变量。董事长连带关系以董事长在其他企业担任董事职务的数量进行度量（徐二明、衣凤鹏，2014）。Peng和Luo（2000）、高宇和高山行（2010，2011）采用量表发放调查问卷，对商业联系采用企业高管与购货方企业高管、与供应商的高管、与竞争对手的高管联系程度进行度量。谢言等（2010）将Peng和Luo（2000）设计的量表从管理者层面扩展到企业层面，通过问卷调查的方法对企业的商业连带进行测度，采用企业与供应商、客户、竞争对手建立和保持关系的强度进行度量。Sheng等（2011）、刘婷和李纲（2012）、李瑶等（2013）采用量表发放问卷调查方式，对商业连带采用企业领导与不同商业企业领导建立联系的强度进行度量，包括企业领导与供应商企业领导、与客户企业领导、与技术合作企业领导、与营销合作企业领导、与竞争企业领导建立联系的强度。

另外，高管建立的企业间联结关系对企业同样重要。高管或董事联结关系是因为兼任两家或多家上市企业的董监高成员而形成的企业间的联结关系，这种企业间联结现象在我国上市企业中非常普遍（卢昌崇、陈仕华，2009；陈仕华、马超，2011；陈运森、谢德仁，2011，2012；陈仕华、姜广省、卢昌崇，2013）。

3. 银行连带

近年来，学者对银企关系的关注度上升，不少学者对此展开研究。企业和银行建立关联关系主要通过高管银行连带和持股关联两种方式，已有文献主要侧重于对前者进行研究。高管银行连带采用企业董事是否具有银行工作背景进行度量（Booth and Deli，1999；Guner et al.，2008；Ciamarra，2012）。邓建平和曾勇（2011）衡量银行关联采用的指标是企业是否存在曾经或现在在银行任职的高管，包括高层银行关联和低层银行关联；Lu等（2012）采用银行与企业交叉持股作为银行连带的度量指标。翟胜宝等（2014）采用银企交叉持股和高管具有银行背景作为银行连带的代理变量，研究银企关系与企业投资效率，发现银企关系有助于缓解民营企业的非效率投资问题，即缓解投资不足和抑制过度投资，进而提高投资效率。另外，陈仕华和马超（2013）对高管金融联结采用企业是否拥有兼任企业和金融联结的高管进行度量。邓建平和陈爱华（2015）采用企业引入具有银行、证券企业、期货、保险、基金和信托等金融机构工作背景的高管的数量作为金融关联的度量指标。

（三）社会连带与财务行为

社会连带不仅有助于企业获取核心资源和商业机会，增强企业的资源整合能力，提升企业的社会影响能力，还会对企业的战略发展方向产生影响，最终影响到企业价值。刘婷和李纲（2012）基于社会资本理论和资源观点，构建了管理者社会联系、企业网络能力与创新绩效的研究框架，提出企业外部社会联系的重要性，以及可能存在的负面影响。李瑶等（2013）通过调研数据研究发现管理层社会连带（包括商业连带和政治连带）能有效提升企业的创新绩效。徐二明和衣凤鹏（2014）研究发现董事长连锁关系对企业社会绩效产生负面影响。张祥建等（2015）发现社会连带与企业绩效之间具有倒U形关系。社会连带作为企业与外部联系及取得社会资源的重要途径，不仅影响到企业的资源整合能力、社会影响能力和战略发展方向，使企业容易获得核心资源和商业机会，同时也将产生一定的成本。因此，社会连带关系必将对企业的财务安排产生一定影响，而这种影响的效果与作用机理有待进一步研究。

1. 政治连带与财务行为

中国的信贷市场在很大程度上由政治连带驱动，具有政治连带的企业更少受财务约束（Chan et al.，2012；Cull et al.，2015），忽略CEO的政治连带将产生不准确甚至误导投资现金流模型的估计结果（Cull et al.，2015）。大量研究表明，政治连带有助于改善银企关系，从中获取更多的银行借款，降低企业外部融资约束，降低融资成本，或以较低的保证方式获取融资（Fan et al.，2008；Li et al.，2008；Boubakri et al.，2012；余明桂、潘红波，2008；吴文锋等，2008；罗党论、甄丽明，2008）。在关系主导型社会中，企业税率和税收优惠有一定的运作空间，可形成企业政治连带寻租，进而享受税收优惠（Adhikari et al.，2006；Wu et al.，2012；Lin et al.，2015；吴文锋等，2009）。同时，政治连带企业更易获得政府对企业的支持，包括税收返还等财政补贴（Faccio et al.，2006；陈冬华，2003；潘越等，2009；余明桂等，2010）。具有政治连带的企业更有可能进入政府管制行业，突破行业壁垒获得市场准入（胡旭阳，2006；罗党论、刘晓龙，2009）。然而，政治连带企业也有可能因为要为地方政绩买单而进行过度投资（Guariglia et al.，2011；Poncet et al.，2010；杜兴强等，2011）。因此，政治连带对于企业而言，既可能带来创造价值的有利影响，也可能产生无法摆脱政府干预的不利影响，最终会对企业的财务行为和经济活动产生影响。

2. 商业连带与财务行为

商业连带是企业获取稀缺资源的平台，影响企业的经济行为。在高管精英、企业、非营利组织与政府之间存在大量复杂的交叉网络关系，处于核心地位的企业及其连锁董事对经济发展发挥重要作用。Chen H. 和 Chen S.（2012）提出企业通过派出或接受董事与外界建立社会网络，是企业对外联系与获取外部资源的重要途径。企业可以凭借连锁董事网络对企业资源进行调配和整合，获取更多信息和商业机会，对企业的投资行为产生重要影响（Silva et al.，2006；Biddle et al.，2009；Billett et al.，2011）。高宇和高山行（2010）通过实证检验，表明企业高层管理者的商业联系正向促进企业绩效，并受到企业战略导向的影响。市场导向正向调节商业联系与企业绩效之间的关系，企业家导向负向调节商业联系与企业绩效之间的关系。高宇等（2011）研究发现企业高管的商业联系能有效提高合作方技术获取对于内部研发能力的正向效果。李瑶等（2013）研究表明商业联系能有效提升企业创新绩效，环境不确定性会削弱商业联系的正向作用。由于商业连带是企业、社会文化、制度背景共同作用的结果，所以，应当深入研究商业连带对企业行为的影响机理和动态演化规律，以便企业更加科学合理地进行决策。

3. 银行连带与财务行为

银行贷款是我国企业重要的融资渠道，企业建立银行连带关系有助于从多个方面帮助企业获取融资便利，降低融资约束，提高投资能力。企业与银行建立联系引发广泛关注，学术界对此展开研究并取得一定成果。现有文献研究银企关系主要是从高管银行连带角度出发，研究银行连带对企业获取银行借款的影响，发现企业董事有银行背景的容易获得更多的银行借款，提高融资效率（Booth and Deli，1999；Burak et al.，2008；Guner et al.，2008）。Ciamarra（2012）发现董事具有银行工作背景的企业，除了可以获得更多银行借款，融资成本也明显更低。唐建新等（2011）的研究表明，民营企业中总经理或董事有银行背景的企业能够获取更多银行借款。邓建平和曾勇（2011）研究发现，企业通过聘请具有银行工作背景的人员担任高管，能帮助企业获得更多的长期银行借款。陈仕华和马超（2013）发现，具有高管金融联结的企业能够获取更多的银行贷款，支付更低的融资成本，且在民营企业（对照国有企业）中与金融市场程度欠发达地区影响更为明显。Maurer和Haber（2007）从银行与企业交叉持股的角度，发现具有银行连带的企业更容易获得债务融资，降低委托代理成本，并改善企业业绩。Lu等（2012）研究表明，参与持股银行的企业能够缓解融资约束，拥有更高的信贷额度。翟胜宝等（2014）在研究中将银企关系分为高管银行关系、企业持股银行和银行持股企业三种类型，对银企关系与投资效率二者之间的关系展开实证检验，研究结果发现银企关系有助于提高民营企业的投资效率。

第四节　本章小结

综上所述，本章在相关理论分析的基础上，分别对财务柔性与社会连带的两大领域的文献进行回顾和梳理。首先，财务柔性相关文献回顾部分包括界定和分析财务柔性与财务柔性价值的含义；梳理财务柔性的指标测量，归纳总结目前的研究现状与不足；分析和评价财务柔性与企业财务行为之间的关系。其次，结合我国制度背景，回顾和总结社会连带的相关研究，在界定社会连带含义的基础上，系统梳理和分析企业建立社会连带关系对财务行为的影响，试图发现企业财务柔性、社会连带与财务行为之间的关系和影响机理相关的经验证据。本章通过对概念的梳理和相关文献的归纳、分析和总结，得出以下主要结论。

第一，财务柔性是企业财务行为的重要影响因素，学术界对其概念的界定并不一致，在相应度量指标的选择上也存在很大分歧。通过对财务柔性内涵的梳理，发现目前对财务柔性的认识主要基于财务柔性水平的角度，对财务柔性价值的研究比较匮乏。然而，企业决策建立在对现实能力的评价和对未来潜在能力的预测上，财务柔性价值是基于价值的视角对企业的财务调配能力进行的综合衡量，相对而言，财务柔性价值更贴近综合反映其实质和内涵。另外，财务柔性最重要的功能是应对不确定性，随着当今经济的快速发展，企业面对的外部环境日益动荡，应当加强对财务柔性的相关研究，以指导企业具体的实践活动。因此，财务柔性的度量问题仍需进一步探索和挖掘。

第二，目前国内有关财务柔性与财务行为的研究，仍然囿于国外的研究框架和内容，缺乏基于我国制度背景和文化环境的创新性研究。在“关系主导型”社会中，社会连带作为企业的隐性资源，在企业发展过程中发挥重要作用，影响企业的方方面面。财务柔性与社会连带分别体现企业的内在资源调配能力和外在资源调配能力，共同影响着企业的财务行为，而目前的文献缺乏对其综合效应的探讨，以及对于不同背景的企业又当如何进行合理决策的研究，这些现实状况为本研究提供了良好的契机，也提升了本书研究的价值和意义。

第三，企业财务行为不仅关系到企业对财务资源的配置效率与使用效果，更是立足当下面向未来的动态决策，企业选择合理行为需要依据有效的相关分析对其内在的作用机理和路径进行清晰的说明和足够的论证，有待学者结合具体问题进行深入分析和探讨。企业的负债融资、现金持有以及股利支付等财务行为，对企业而言非常普遍和重要，已有文献对面向未来的潜在能力的预测分析比较欠缺，因此，有待于学者对影响因素和决策路径进行系统研究和深入分析。

第三章　财务柔性价值指标设计

不确定性是社会发展和经济活动中普遍存在的现象，对企业而言，再没有什么比不确定性更普遍的了。随着经济的快速发展，不确定性的加剧给企业发展带来巨大压力。在快速变化的环境中，风险事件发生的概率更高，柔性变得尤为重要。为了生存，企业需要降低不确定性，收集相关信息，判断变化的模式并合理分析可能发生的结果，根据预测采取行动，将负面结果的可能性降到最低，并朝着最好的目标发展。

从第二章的文献综述来看，财务柔性对企业行为产生重要影响。对财务柔性进行研究，首要解决的是度量问题，这也是进行财务柔性研究的基础和前提。然而，学术界对财务柔性的度量一直没有统一的认识，也鲜少见到有对此进行系统分析的。为了对财务柔性进行更为准确有效的测量，本章在前人研究的基础上，基于资本市场的角度对财务柔性进行度量，在对财务柔性价值的影响因素进行分析的基础上，计算财务柔性价值并以此作为财务柔性的度量指标。

第一节　财务柔性价值度量方法与因素选择

财务柔性是企业对内部资源综合调配的能力，需要考虑影响企业财务资源调配的诸多因素，以便对企业财务柔性有全面合理的认识。本章选取的财务柔性指标基于资本市场的视角，以企业未来财务决策行为为导向，站在投资者的角度对财务柔性进行定量分析，以对财务柔性进行客观有效的衡量。

Gamba和Triantis（2008）对财务柔性价值构建了一个理论模型，分析推导出决定财务柔性价值的影响因素包括企业的成长性和成熟度、持有现金的有效成本、外部融资成本，以及资本的可逆性。Rapp等（2014）基于该理论对财务柔性价值做了进一步实证检验。本章主要参照Gamba 和Triantis（2008）、Clark（2010）及Rapp等（2014）等的研究，构建本研究财务柔性价值的度量方法。

1. 成长机会

Gamba和Triantis（2008）认为成长机会影响财务柔性价值，处于不同企业生命周期阶段的企业对资金需求有一定差异。Byoun（2011）认为处于发展期的企业未来具有较多的不确定性，往往需要大量资金和外部资源以开拓市场来发展壮大，而其自身创造现金流的能力不足以满足未来投资发展的需要，需要保持充足的举债能力；成长期的企业经过一定的积累，具有一定创造现金流的能力，也可以通过外部举债满足投资需求；成熟期的企业经营相对比较稳定，内部资金来源比较充足，具备举债能力。因此，具有高成长机会的企业往往具有较大的资金需求，以满足投资机会或者市场拓展的需要，导致企业资金的边际价值相对较高。Lins等（2010）通过对CFO的调查研究发现，企业会保有较高的信用额度以便应对未来投资时能够顺利融资，相对而言，持有现金是一种维持经营并且避免企业陷入财务困境的防守策略。Marchica和Mura（2010）研究发现，企业一般会采取比目标水平低的负债比率，以将更多的融资空间留到未来应对投资需求，通过采取降低当前借贷水平的低杠杆财务策略，企业的投资能力得以显著提高。Arslan等（2014）同样发现，企业往往通过保留举债能力提高未来抓住投资机会的能力，投资所需资金主要依赖企业的举债能力，而较少依赖现金持有。

本章采用销售收入增长率作为成长机会的代理变量。

2. 盈利性

企业的盈利状况与经营现金流密切相关，盈利状况的好坏与波动性会影响到企业的财务柔性价值。盈利状况好且比较稳定的企业能够产生更多更稳定的内部现金流，减轻企业资金压力，满足一定的投资需要。相反，当企业经营现金流减少造成内部融资受限时，保持一定的财务柔性可以满足资金需求，从而降低投资对现金流的敏感性（Arslan et al.，2008）。而盈利状况差且波动性较大的企业面临的资金压力较大，资金的边际价值往往较高。因为经营状况不好的企业可利用的内部积累现金较少，资金压力较大。Daniel等（2010）研究发现，企业现金流短缺时，举债能力的价值更为显著。正如Gamba和Triantis（2008）、Campello等（2010）以及Rapp等（2014）研究发现，盈利性差、现金流短缺的企业往往财务柔性价值更高，反之则更低。

本章采用息税前利润的增加值比上滞后一期的市场价值来度量企业的盈利性。

3. 持有现金的边际成本

现金持有量是对税收的成本与避免陷入财务困境的相对权衡，利息税是影响现金持有边际价值的重要因素，相比个人投资者而言，企业持有现金税率更高（Faulkender and Wang，2006），而这实际上也是持有现金的成本，导致现金持有量越多，其边际价值越小（Gamba and Triantis，2008）。在Rapp等（2014）的模型中，持有现金的边际成本取决于企业税率与个人税率的水平，个人税率在美国各个州的标准不同，将影响财务柔性价值。而在我国，个人的税率采用统一的标准，不同的是企业的税率，因此，可采用企业的实际税率作为衡量指标。持有现金的边际成本越高，越将降低企业的财务柔性价值。

本章采用企业的实际税率作为持有现金的边际成本。

4. 外部融资成本

Gamba和Triantis（2008）认为企业的外部融资成本会影响企业的财务柔性价值。外部融资约束较高的企业在面对有利投资机会时，可能因资金不足而不得已放弃，对企业成长和经营绩效造成影响。当企业流动性较低，且面临良好的投资机会时，外部融资约束更高的企业，其现金持有的边际价值往往更高（Faulkender and Wang，2006）。受到融资约束的企业持有现金能够缓解投资不足，并有效提高边际投资的价值（Denis and Sibilkov，2010）。因此，受外部融资约束较高的企业应当持有较多现金以缓解资金压力（Gamba and Triantis，2008）。外部融资成本可能通过两种途径影响财务柔性价值，一方面，具有较高外部融资成本的企业可能带来较高的财务柔性价值，因为这类企业进行外部融资难度更大或者花费更多时间。另一方面，较高的外部融资成本可能反映出严重的代理问题。因此，考虑到代理成本问题，股东可能在代理问题比较严重时赋予财务冗余较低的价值。

基于我国企业普遍进行负债融资的情况，并结合前人的研究，本章采用利息支出比银行借款来度量外部融资成本。

5. 资本的可逆性（Reversibility of Capital）

Gamba和Triantis（2008）、Rapp等（2014）认为财务柔性价值受资本可逆性的影响。一方面，由于资产变现可以得到资金，所以资产和资金能够在一定程度上互相替代。面对不利冲击时，企业的所有者能够以较低的折价快速变卖资产，从而降低企业的财务柔性价值。另一方面，面临外部不确定性越高，固定资产比重越大的企业，占用了较多的资金，在应对外部冲击时一般不会轻易做出调整改变，加上后续固定的维护成本较高，客观上相当于增加了成本，进而对财务柔性价值产生影响。因此，较高的资本可逆性可能会提升财务柔性价值。

本章对资本可逆性采用有形资产占总资产的比率来进行度量。

第二节　财务柔性价值指标的衡量

（一）样本选择与数据来源

本章为构建财务柔性价值指标体系，选取2007—2014年在沪深主板市场上市的A股企业为研究样本，依据本章研究目标并借鉴相关研究的做法，对样本进行以下筛选：剔除金融、保险类企业样本，剔除ST的企业样本，剔除数据缺失的企业，剔除数据异常的企业，共得到12083个观测值。同时，对连续性变量每个年度上下各1%的极端值进行winsorize处理，以消除异常值对分析结果造成的偏差。本章所使用的财务数据主要来源于CSMAR

和CCER数据库，数据处理采用Stata12.0和Excel 2013。

（二）财务柔性价值的构成

构建财务柔性价值指标体系的主要思路在于，明确财务柔性价值的影响因素，并将其合成一个独立的指标。首先，分析资本市场对现金持有变化的反应，在此基础上，对各个影响因素分配权重。其次，根据影响因素分配得到的权重计算每家企业每年的财务柔性价值。

首先，对影响因素分配权重。现金持有被认为是企业流动性最强亦是最灵活的财务工具。所以，企业现金持有变动的市场反应取决于股东对企业财务柔性赋予的价值。为此，分析资本市场对企业现金持有量变动的市场反应。比如，如果高成长性的企业现金持有变动具有很高的超额回报，就对成长机会给予高的权重。反之则相反。其他因素亦是如此。

第一步，估计现金持有变动。

本章借鉴Almeida等（2004）计算现金持有的未预期变动，即实际的现金持有变动与预期的现金持有变动的差异。假定市场充分利用企业上一年度的相关信息，则现金持有的预期变动可以采用模型（3-1）进行估计。

$$\frac{C_{i,t}-C_{i,t-1}}{M_{i,t-1}}=\alpha_0+\alpha_1 TobQ_{i,t-1}+\alpha_2\frac{CFAL_{i,t-1}}{M_{i,t-1}}+\alpha_3 SIZE_{i,t-1}+\varepsilon_{i,t} \tag{3-1}$$

模型（3-1）中，$C_{i,t}$代表第t期i企业的现金持有量，包括货币资金和交易性金融资产，$M_{i,t-1}$表示企业第t-1期的市场价值，$TobQ_{i,t-1}$表示第t-1期的托宾Q，$CFAL_{i,t-1}$表示第t-1期的折旧摊销前利润，$SIZE_{i,t-1}$表示第t-1期的总资产取自然对数。

第二步，估计现金持有量变动的市场反应。

$$\begin{aligned}r_{i,t}-R_{i,t}=&\gamma_0+\gamma_1\frac{\Delta C_{i,t}}{M_{i,t-1}}+\gamma_2 SGR_{i,t}+\gamma_3\frac{\Delta E_{i,t}}{M_{i,t-1}}+\gamma_4 T_{i,t}+\gamma_5 Sperad_{i,t}+\gamma_6 Tang_{i,t}+\gamma_7 SGR_{i,t}\times\frac{\Delta C_{i,t}}{M_{i,t-1}}+\\&\gamma_8\frac{\Delta E_{i,t}}{M_{i,t-1}}\times\frac{\Delta C_{i,t}}{M_{i,t-1}}+\gamma_9 T_{i,t}\times\frac{\Delta C_{i,t}}{M_{i,t-1}}+\gamma_{10} Sperad_{i,t}\times\frac{\Delta C_{i,t}}{M_{i,t-1}}+\gamma_{11} Tang_{i,t}\times\frac{\Delta C_{i,t}}{M_{i,t-1}}+\gamma_{12}\frac{C_{i,t-1}}{M_{i,t-1}}+\\&\gamma_{13}\frac{\Delta NA_{i,t}}{M_{i,t-1}}+\gamma_{14}\frac{\Delta RD_{i,t}}{M_{i,t-1}}+\gamma_{15}\frac{\Delta I_{i,t}}{M_{i,t-1}}+\gamma_{16}\frac{\Delta D_{i,t}}{M_{i,t-1}}+\gamma_{17} L_{i,t}+\gamma_{18}\frac{NF_{i,t}}{M_{i,t-1}}+\gamma_{19} Z_{i,t}+\varepsilon_{i,t}\end{aligned} \tag{3-2}$$

因变量超额累计回报反映现金持有变动的市场价值，这里需要将决定财务柔性价值的影响因素与现金的未预期变动进行交乘放入回归模型。在模型（3–2）中，主要将超额累计回报与以下因素进行回归：①现金持有的未预期变动；②对Gamba和Triantis（2008）模型中的影响因素的代理变量进行回归；③影响因素与现金持有未预期变动的交乘；④企业的控制变量，控制影响超额回报的其他变量，即除了现金持有之外的其他可能影响现金持有未预期变动的变量；⑤年度和行业的虚拟变量。其中，ΔC反映了现金持有的未预期变动，即现金持有的实际值与预期值的差额。$r_{i,t}-R_{i,t}$表示企业的超额回报，借鉴Faulkender和Wang（2006）的做法，本章采用Fama和French（1993）三因子计算超额回报率，包括资产的市场组合、市值因子以及账面市值比因子。SGR表示成长机会，E表示盈利性，T表示现金持有的边际成本，$Spread$表示外部融资成本，$Tang$表示资本可逆性。具体变量定义见表3–1。

本章设计的指标与Gramba和Triantis（2008）与Rapp等（2014）最大的不同之处在于没有直接将负债比率用于式（3–2）。原因在于，将负债比率直接包括进去会产生内生性问题。为了避免这个问题，借鉴Clark（2010）的做法，本章对负债比率采用模型（3–3）进行衡量，并将模型（3–3）代入模型（3–2）。

$$L_{i,t}=\beta_0+\beta_1\frac{CF_{i,t}}{TA_{i,t}}+\beta_2 MB_{i,t}+\beta_3\frac{DEP_{i,t}}{TA_{i,t}}+\beta_4 SIZE_{i,t}+\beta_5\frac{FA_{i,t}}{TA_{i,t}}+\beta_6\frac{RD_{i,t}}{TA_{i,t}}+v_{i,t} \tag{3–3}$$

表3–1 变量的测量方法

变量	变量定义
$r_{i,t}-R_{i,t}$	第 t 期企业 i 的超额累计回报
$\Delta C_{i,t}$	第 t 期企业 i 现金持有的变化，即第 t 期现金持有减去第（t–1）期现金持有
$M_{i,t-1}$	第 t–1 期企业 i 的市场价值
$SGR_{i,t}$	第 t 期企业 i 的销售收入增长率
$\Delta E_{i,t}$	第 t 期企业 i 的息税前利润的变化，即企业 i 第 t 期息税前营业利润减去第（t–1）期息税前利润
$T_{i,t}$	第 t 期企业 i 的实际所得税税率

续表

变量	变量定义
$Spread_{i,t}$	第 t 期企业 i 的外部融资成本，即利息支出 / 银行借款
$Tang_{i,t}$	第 t 期企业 i 的有形资产比，即固定资产 / 总资产
$\Delta NA_{i,t}$	第 t 期企业 i 的非现金资产的变动，即第 t 期的非现金资产减去第（t–1）期的非现金资产，非现金资产为扣除现金持有后的总资产
$\Delta RD_{i,t}$	第 t 期企业 i 的研发支出的变动，即第 t 期的研发支出减去第（t–1）期的研发支出，研发支出包括开发的支出和研究阶段的支出
$\Delta I_{i,t}$	第 t 期企业 i 的利息费用的变动，即企业 i 第 t 期的利息费用减去第（t–1）期的利息费用
$\Delta D_{i,t}$	第 t 期企业 i 普通股利的变动，即企业 i 第 t 期普通股利减去第（t–1）期普通股利
$L_{i,t}$	第 t 期企业 i 的资产负债率，即总负债 / 资产总额
$NF_{i,t}$	第 t 期企业 i 的融资额，即筹资活动产生的现金流量净额
$CF_{i,t}$	第 t 期企业 i 的息税前利润
$TA_{i,t}$	第 t 期企业 i 的总资产
$MB_{i,t}$	第 t 期企业 i 的账面市值比
$DEP_{i,t}$	第 t 期企业 i 的折旧摊销费用
$SIZE_{i,t}$	第 t 期企业 i 的总资产，取自然对数
$RDTA_{i,t}$	第 t 期企业 i 的研发支出
$FA_{i,t}$	第 t 期企业 i 的固定资产
Industry	行业哑变量
Year	年度哑变量

其次，构建企业财务柔性价值。

如前所述，Gamba 和 Triantis（2008）提出企业财务柔性价值由其影响要素及其比重所决定。比重是由上述模型回归得到的交乘项的系数，加上现金持有的未预期变动的系数，最终计算得到企业的财务柔性价值。

第三节　财务柔性价值的计算

（一）描述性统计与相关性分析

表3–2是对计算财务柔性价值的构成因素进行的描述性统计。从中可以看出，超额回报的均值为–0.036，最小值是–1.236，最大值是1.645，表明不同企业之间的市场表现差异较大。现金持有的未预期变动与上一年市值比平均为–0.002，表明实际持有变动比预期变动低0.2%，标准差为0.049。销售收入增长率平均为0.178，最小值为–0.639，最大值为4.406，表明不同企业之间经营情况有较大差距。息税前利润变动与滞后一期市值比平均为0.003。企业实际所得税税率平均为0.170。外部融资成本平均为0.060，标准差为0.071。有形资产比平均为0.165，标准差是0.183。非现金资产的变动平均为0.069，中位数是0.049。研发支出变动平均值为0.001。利息费用变动值平均是0.001。股利变动均值为0，标准差是0.006，最小值为–0.019，最大值为0.023，不同企业之间变动有一定差异。息税前利润均值是0.087，标准差为0.064。账面市值比平均为0.877。折旧摊销费用平均为0.024，标准差为0.017。企业规模平均值为21.620，标准差为1.170。融资净额均值为0.015，标准差为0.063，最小值为–0.121，最大值为0.293，表明不同企业的融资净额存在一定的差异。

表3–2　描述性统计

变量	均值	标准差	最小值	P25	中位数	P75	最大值
$r_{i,t}-R_{i,t}$	–0.036	0.596	–1.236	–0.436	–0.091	0.301	1.645
$\Delta C_{i,t}$	–0.002	0.049	–0.120	–0.027	–0.005	0.018	0.211
$SGR_{i,t}$	0.178	0.442	–0.639	–0.020	0.123	0.287	4.406
$\Delta E_{i,t}$	0.003	0.027	–0.087	–0.007	0.002	0.011	0.145
$T_{i,t}$	0.170	0.167	–0.504	0.106	0.157	0.242	0.840
$Spread_{i,t}$	0.060	0.071	0	0	0.052	0.07	0.454
$Tang_{i,t}$	0.165	0.183	0	0	0.113	0.273	0.725
$\Delta NA_{i,t}$	0.069	0.109	–0.157	0.010	0.049	0.105	0.733

续表

变量	均值	标准差	最小值	P25	中位数	P75	最大值
$\Delta RD_{i,t}$	0.001	0.004	–0.007	0	0	0.002	0.021
$\Delta I_{i,t}$	0.001	0.004	–0.015	0	0	0.002	0.018
$\Delta D_{i,t}$	0	0.006	–0.019	–0.001	0	0.002	0.023
$CF_{i,t}$	0.087	0.064	–0.133	0.054	0.081	0.115	0.323
$MB_{i,t}$	0.877	0.809	0.099	0.369	0.612	1.068	4.603
$DEP_{i,t}$	0.024	0.017	0.001	0.012	0.021	0.033	0.081
$SIZE_{i,t}$	21.620	1.170	18.960	20.800	21.500	22.310	24.930
$NF_{i,t}$	0.015	0.063	–0.121	–0.016	0	0.034	0.293

表3–3报告了各个变量的Pearson相关性分析。从表3–3的结果分析来看，各个变量之间的相关系数较小，除个别系数外，各变量相关系数均小于0.5，表明变量之间不存在严重的多重共线性问题。

（二）多元回归分析

从表3–4的回归结果来看，$SGR_{i,t}\times\Delta C_{i,t}$的回归系数显著为负，表明销售收入增长率越高的企业，其财务柔性价值越低；$\Delta E_{i,t}\times\Delta C_{i,t}$系数显著为负，表明盈利良好的企业财务柔性价值偏低。原因可能在于企业的销售增长越快，企业盈利越好，内部创造现金流的能力就越强，企业所受资金压力越小，股东对企业财务柔性价值判定越低。$T_{i,t}\times\Delta C_{i,t}$对超额回报的系数为负，但不显著，表明企业持有现金成本对财务柔性价值没有显著影响；$Spread_{i,t}\times\Delta C_{i,t}$系数为负但不显著，表明企业外部融资成本对财务柔性价值没有显著影响。二者没有通过显著性水平检验，可能的原因在于，企业对于税率和利率因素是被动接受的，不完全受企业自身因素所决定。税率和利率对于企业而言带有一定的外部强制性，且在一定时期内具有一定的稳定性，因而，市场对二者的反应可能敏感性更低。$Tang_{i,t}\times\Delta C_{i,t}$系数显著为正，表明资本可逆性越高的企业财务柔性价值越高。可见，影响企业财务柔性价值的因素主要包括成长机会、盈利性和资本可逆性，因此，本研究最终计算财务柔性价值的式子如模型（3–4）所示：

表 3-3　相关性分析

变量	r-R	C	SGR	ΔE	T	Spread	Tang	ΔNA	ΔRD	ΔI	ΔD	CF	MB	DEP	SIZE	NF
r-R	1															
C	-0.023***	1														
SGR	0.105***	0.021**	1													
Δ*E*	0.219***	0.029***	0.399***	1												
T	0.014*	0.045***	0.038***	0.082***	1											
Spread	-0.060***	0.014*	-0.039***	0.019**	-0.014*	1										
Tang	-0.043***	-0.064***	-0.008	-0.019**	-0.043***	0.008	1									
Δ*NA*	0.131***	0.097***	0.426***	0.303***	0.074***	-0.085***	-0.094***	1								
Δ*RD*	0.062***	0.019**	0.119***	0.065***	-0.048***	-0.00400	-0.020**	0.134***	1							
Δ*I*	-0.173***	0.058***	0.212***	0.077***	0.039***	0.135***	0.044***	0.282***	0.043***	1						
Δ*D*	0.071***	0.049***	0.145***	0.274***	0.00200	0.024***	-0.003	0.107***	0.044***	0.019**	1					
CF	0.090***	0.017**	0.176***	0.453***	0.096***	-0.002	0.103***	0.033***	0.064***	-0.037***	0.164***	1				
MB	-0.320***	0.253***	-0.034***	-0.053***	0.136***	0.070***	0.046***	0.186***	-0.037***	0.263***	-0.016*	-0.217***	1			
DEP	0.008	-0.070***	-0.079***	-0.018*	-0.052***	0.107***	0.520***	-0.197***	-0.008	-0.033***	-0.006	0.193***	0.012	1		
SIZE	-0.074***	0.393***	0.047***	0.054***	0.151***	0.078***	-0.013	0.300***	0.0140	0.212***	0.064***	0.015*	0.606***	-0.00100	1	
NF	0.048***	0.059***	0.125***	0.034***	0.029***	-0.092***	-0.038***	0.485***	0.035***	0.240***	0.027***	-0.137***	0.151***	-0.164***	0.189***	1

注：***、** 和 * 分别表示在 1%、5% 和 10% 水平上显著。

表 3–4　财务柔性价值的回归

因变量	$r_{i,t}-R_{i,t}$
$\Delta C_{i,t}$	0.837*** (6.77)
$SGR_{i,t}$	0.007 (0.96)
$\Delta E_{i,t}$	2.219*** (17.60)
$T_{i,t}$	–0.031* (–1.83)
$Spread_{i,t}$	0.039 (0.91)
$Tang_{i,t}$	0.099*** (3.57)
$SGR_{i,t}\times\Delta C_{i,t}$	–0.308** (–2.09)
$\Delta E_{i,t}\times\Delta C_{i,t}$	–3.243* (–1.67)
$T_{i,t}\times\Delta C_{i,t}$	–0.500 (–1.33)
$Spread_{i,t}\times\Delta C_{i,t}$	–0.853 (–0.76)
$Tang_{i,t}\times\Delta C_{i,t}$	1.345*** (3.31)
$\Delta C_{i,t-1}$	0.564*** (13.16)
$\Delta NA_{i,t}$	0.227*** (6.68)
$\Delta RD_{i,t}$	3.608*** (4.14)
$\Delta I_{i,t}$	–0.047 (–0.06)
$\Delta D_{i,t}$	2.219*** (4.31)
$CF_{i,t}$	0.197*** (–3.25)

续表

因变量	$r_{i,t}-R_{i,t}$
$MB_{i,t}$	0.114*** （-22.66）
$DEP_{i,t}$	-0.099 （-0.42）
$SIZE_{i,t}$	0.002 （0.68）
$RDTA_{i,t}$	0.718*** （-2.80）
$NF_{i,t}$	-0.044 （-0.74）
_cons	0.824*** （-11.11）
年度 / 行业	控制
N	11832
adj. R-sq	0.685
F	477.81

注：***、** 和 * 分别表示在 1%、5% 和 10% 水平上显著。

$$VOFF_{i,t}=0.8366016-0.3079325\times SGR_{i,t}-3.243003\times \frac{\Delta E_{i,t}}{M_{i,t-1}}+1.344578\times \mathrm{Tang}_{i,t} \quad (3-4)$$

另外，出于对研究结论稳健性的考虑，并与Rapp等（2014）的研究保持一致性和可比性，本书采用成长机会、盈利性、现金持有的边际成本、外部融资成本以及资本可逆性等五要素来计算财务柔性价值。原因在于，尽管现金持有的边际成本与外部融资成本在统计意义上没有达到显著性水平，但在理论意义上仍然可能在整体上对财务柔性价值产生一定的影响。$T_{i,t}\times\Delta C_{i,t}$对超额回报的系数为负，表明企业持有现金成本越高，可能造成财务柔性价值越低。$Spread_{i,t}\times\Delta C_{i,t}$系数为负，表明企业外部融资成本越高，可能企业财务柔性价值越低；较高的外部融资成本反映了企业可能存在较为严重的代理问题，担心出现管理层侵占问题（Jensen，1986）。所以，考虑到代理成本问题，股东可能会对企业的财务冗余给予较低的价值。因此，综合以上对财务柔性价值影响因素的分析，本章采用模型（3-5）作为计算财务柔性价值的稳健性检验指标：

$$VOFF_{i,t}=0.8366016-0.3079325\times SGR_{i,t}-3.243003\times \frac{\Delta E_{i,t}}{M_{i,t-1}}-0.4998316\times T_{i,t}-0.8525402\times Speread_{i,t}+1.344578\times Tang_{i,t} \tag{3-5}$$

第四节　本章小结

关于财务柔性的度量问题，现有研究还未形成一致的看法。Gamba 和 Triantis（2008）理论推导出企业财务柔性价值的决定因素，在此基础上，本章设计了本研究中采用的财务柔性价值的度量方法，使用成长机会、盈利性和资本的可逆性三个决定因素计算企业的财务柔性价值。另外，使用成长机会、盈利性、持有现金的有效成本、外部融资成本以及资本的可逆性等决定因素计算企业的财务柔性价值作为财务柔性价值的稳健性检验指标。

本章在已有研究的基础上，选择从财务柔性价值的视角对财务柔性进行度量。一方面,考虑财务柔性是企业对内部资源综合调配的能力，受多种因素的影响，选择单一指标可能无法体现企业真实的财务柔性。另一方面，目前的研究大多是站在企业现有的状况上对过去的行为决策进行探讨，缺少基于市场价值对企业未来潜在能力的分析，而财务柔性最重要的功能是对企业未来决策提供参考和依据，需要综合企业的现实情况和潜在能力进行分析和预测，并以此做出相应判断。因此，有必要探索更客观、更合理的度量方法。

第四章 财务柔性价值、社会连带与现金持有

现金持有是企业重要的财务行为之一。本章在现金持有相关理论基础上，探讨财务柔性价值对现金持有行为的影响，并基于我国特殊的制度背景，分析社会连带对财务柔性价值与现金持有的调节效应。然后，进一步分析在不同产权性质与不同制度环境下，该效应对企业现金持有行为的差异。本章的内容安排如下：第一节阐述研究背景，进而提出本章的研究问题；第二节在对相关理论和研究文献进行回顾和评述的基础上，提出相关研究假设；第三节为研究设计，包括样本选择、数据来源、模型选择和变量定义；第四节实证分析财务柔性价值对现金持有的影响，以及社会连带对财务柔性价值与现金持有的调节效应，进一步地，在区分不同产权性质与制度环境的情况下，分析该调节效应是否存在差异；第五节进行稳健性检验；第六节对本章研究进行总结。

第一节 研究背景与研究问题的提出

现金作为流动性最强的资产，对于企业的经营活动是必不可少的。凯恩斯（1936）提出个人持有现金的动机通常有三种，即交易性动机、预防性动机和投机性动机。这个观点用到企业也是被普遍接受的，只是更为复杂。Oplera等（1999）对企业现金持有决定因素的研究中指出，很多导致企业债

务比率较低的因素，比如重要的增长机会和高风险等，同样能导致大量的现金持有，因此产生现金持有的激励动机。然而大量的现金持有会给企业带来相应的机会成本，可能造成企业价值的贬损。Jensen（1986）从代理成本的角度出发，揭示了企业高管层持有过量现金，可能用于缔造“帝国大厦”，从而造成企业价值的损耗。

站在未来投资的角度，宽松的现金储备有助于企业抓住好的投资项目，而免受外部较高融资成本的约束，这时候企业持有的现金价值超过面值（Myer and Majluf，1984）。而Harford（1999）的研究表明持有大量现金的企业更倾向于进行过度投资。Liu和Mauer（2011）的研究表明，企业高管持有较多现金会助长其冒险行为，而这种行为会造成企业持有现金的市场价值贬损。考虑到制度背景的差异，Pinkowitz等（2006）对处于不同制度环境国家的企业进行比较研究，研究结果表明，在股东权利保护较好的国家，股东对现金持有的估价大概等于其面值，而在股东权利保护较差的国家，股东对现金的估价要远远低于面值。

考虑到未来投资的不确定性，企业其实并不存在目标现金持有量。优序融资理论认为企业的现金持有是根据自身的盈利能力和投融资能力决定的剩余函数。当企业面对投资需求时，首先动用留存收益，如果不能满足需求，将动用企业持有的现金，其次进行债务融资，最后到权益融资。两权分离后，企业普遍存在信息不对称与代理冲突，使得其资金流动受到制约，造成融资成本上升。如果企业现金短缺，那么在面对好的投资机会时将迫不得已放弃，或者花费更高的代价取得融资，因此，企业有动机持有更多的现金以备不时之需。

基于以上分析，现金持有是决策者权衡收益与成本的结果。企业的财务行为是在考虑既有财务状况基础上所做的边际的选择，同时，也是建立在对未来预测的基础之上的，因此，企业需要对自身的财务状况进行综合评价，以做出合理的现金持有行为选择。

第二节 理论分析及假设的提出

（一）财务柔性价值与现金持有

财务柔性价值主要体现在两个方面：一是有助于把握投资机会，摆脱财务困境。Lins等（2010）通过对财务经理CFO的问卷调查研究发现，现金被作为预防未来可能产生的现金流紧缺的主要手段。Campello等（2010）通过大范围（在全球超过1000家企业）对CFO进行问卷调查，发现企业为应对潜在的信贷供给危机会提前进行现金储备。Denis和Sibilkov（2010）发现企业价值与现金持有的变动呈正相关关系，外部融资约束程度越高，这种关系越强烈，因为其向银行借款难度更大。Almeida等（2011）研究发现企业会通过调整财务行为（如增加现金持有，保持低负债），来降低融资摩擦的影响。Yung等（2015）以33个发展中国家为研究样本，发现财务柔性企业投资能力更强，同时投资对现金流的敏感性更低，最终提升企业价值。二是在财务行为方面，财务柔性提高了现金持有，并削减了股利支出；在2007年至2009年金融危机期间，财务柔性对投资能力和财务行为的影响显著提升。

根据权衡理论，企业的现金持有量应当是权衡持有成本和收益的结果。一方面，较高的现金持有容易在股东与管理者之间形成代理问题（Jensen，1986），且由于代理成本和税收因素的存在，持有现金本身有一定成本。另一方面，当企业所受外部融资约束程度较高时，现金持有有助于企业快速抓住投资机会。相比债务融资，现金持有能更为方便快捷地满足投资资金的需求，对于市场干扰因素的敏感性更低。而股权融资则对市场因素比较敏感，更重要的是，筹资过程需要的时间更久，有可能错过投资机会。因此，企业在选择现金持有行为时，会首先考虑企业财务柔性的影响，财务柔性价值越高的企业，增加现金持有越有助于提升企业价值，因此，更倾向于增加现金持有。

基于以上分析，本章提出以下假设：

假设4-1：其他条件不变，财务柔性价值高的企业倾向于提高现金持有水平。

（二）财务柔性价值、社会连带与现金持有

站在资源的角度，财务柔性价值影响企业财务资源配置的效益，而社会连带有助于企业获取外部资源，企业财务行为的选择需要综合考虑财务柔性价值与社会连带发挥的效应。企业具有社会连带关系时，有助于获取更多的外部资源，减轻融资约束，帮助企业抓住有利投资机会，由此引起投资扩张效应。中国是关系主导型社会，信贷市场在很大程度上仍然由企业社会连带驱动，忽略企业社会连带的研究可能得出不准确甚至误导性的结论。大量研究表明，企业建立社会连带关系有助于改善外部融资环境，降低企业外部融资约束，筹集更多资金，降低融资成本，或以代价较低的保证方式获取融资（Fan et al.，2008；Li et al.，2008；Francis et al.，2009；Boubakri et al.，2012；余明桂、潘红波，2008；吴文锋等，2008；罗党论、甄丽明，2008）。具有政治连带的企业更少受融资约束（Chan et al.，2012；Cull et al.，2015）。具有商业连带的企业可以凭借连锁董事网络对企业资源进行调配和整合，获取更多信息和商业机会，对企业的投资决策产生重要影响（Silva et al.，2006；Biddle et al.，2009；Billett et al.，2011）。具有银行连带的企业更容易获得更多的银行借款，提高融资效率（Booth and Deli ，1999；Burak et al.，2008；Ciamarra，2012）。企业社会连带是企业与外部发生联系的重要途径，通过社会连带关系有助于发挥隐形沟通作用，使得企业获得丰富的社会资本和商业资源（Peng and Luo，2000），规避经营风险，从而削弱财务柔性价值对现金持有决策行为的影响。

从资源依赖理论的视角看，企业社会连带中凝结着丰富的社会资本，有助于企业建立不同层次的资源获取渠道，从而形成具有竞争力的业务体系，促进企业成长和价值提升（Granovetter，1985；田利辉、张伟，2013）。同时，在缺乏正式制度性支持的情况下，企业通常会通过其社会连带寻求非正式的制度性支持，以降低运行风险。在正式制度较弱的环境中，企业通常会通过建立社会连带关系，克服政府和市场失灵带来的不利影响，减少外部环境带来的风险，提升企业盈利能力，从而降低财务行为对企业财务柔性价值的敏感性。

基于以上分析，本章提出以下假设：

假设4-2：其他条件不变，社会连带越强，现金持有与财务柔性价值的敏感性越低。

（三）产权性质、财务柔性价值、社会连带与现金持有

企业的产权性质不同会对财务行为造成影响。中国企业普遍面临融资约束，但国有企业和外企面临的约束更少（Chow and Fung，1998，2000；Chen，2008；Héricourt and Poncet，2009；Poncet et al.，2010；Guariglia et al.，2011）。姜鹏、王文忠、雷光勇（2015）发现政治环境变迁对企业现金持有行为的影响在国企和民企中表现不同，政治环境不确定会加强企业的预防动机，使其做出提高现金持有的财务决策，而国有产权会弱化该影响，民营企业受影响冲击更大。

企业异质性会对企业行为产生影响，财务柔性价值与社会连带对现金持有决策行为的影响在不同企业也会存在差异。对于非国有企业而言，由于企业所受外部融资约束压力较大，企业在选择现金持有时，出于预防动机更倾向于采取提高现金持有的财务行为；当企业具有社会连带时，能够在一定程度上缓解外部融资约束的压力，从而降低对现金持有的强烈需求。徐莉萍等（2006）认为，中国国有上市企业更多地面临着管理层私利行为产生的风险，即国有上市企业和非国有上市企业在代理问题上存在显著的差异。相对于非国有企业，国有企业的代理问题更为严重，股东对现金持有行为更加敏感；同时，具有社会连带的国有企业，获取资金的能力更强，加剧了现金持有带来的代理问题。因而，站在资源配置优势与代理冲突劣势的角度，本章提出以下对立假设：

假设4-3a：其他条件不变，相对于非国有企业而言，国有企业社会连带对财务柔性价值与现金持有的调节效应更显著。

假设4-3b：其他条件不变，相对于国有企业而言，非国有企业社会连带对财务柔性价值与现金持有的调节效应更显著。

（四）制度环境、财务柔性价值、社会连带与现金持有

我国经济发展不均衡，不同地区之间差异较大。根据樊纲、王小鲁、朱恒鹏（2011）研究中中国不同地区市场化进程的得分可以发现，中西部地区

得分普遍较低，与东部地区存在较大差距，这说明不同地区的市场化环境存在较大差异，市场化环境的不同会进一步影响到企业的融资环境和财务行为。陈倩倩、尹义华（2014）研究发现制度环境会影响企业对社会资本的依赖程度，在制度环境较差时，企业对社会资本的依赖较强，随着制度环境的完善，依赖性会有所减弱。曾兰云、刘文军、龙君（2015）研究发现制度环境对CEO背景特征与现金持有量之间具有一定的调节作用。王娟（2013）研究表明，具有政治连带的企业现金持有水平低，随着所处地区市场化程度的提高，政治连带对现金持有的负向影响会减弱。在制度环境较好的地区，企业所受外部约束较小，其决策和发展主要依靠企业本身对财务资源的调配与利用，而对外部社会连带依赖较少，因此，在进行现金持有决策时主要考虑财务柔性价值的影响。而在制度环境较差的地区，由于市场化水平和融资环境的约束，企业在进行财务决策行为时对财务资源的需求更大，并且更倾向寻求社会连带的非正式制度的支持，以改善外部环境对企业发展的约束，由此削弱现金持有对于财务柔性价值的敏感性。此时，社会连带对财务柔性价值的调节效应更强。基于上述分析，本章提出以下假设：

假设4-4：其他条件不变，相对于制度环境好的地区，处于制度环境差的地区的企业社会连带对财务柔性价值与现金决策发挥显著的调节效应。

第三节　研究设计

（一）样本选择与数据来源

本章以2009—2014年在沪深主板市场上市的A股企业为研究样本，由于回归模型中财务柔性价值与社会连带均采用滞后一期数据，而计算财务柔性价值指标时也用到滞后一期数据，所以本章实际使用的数据涵盖2007—2014年。主要考虑到我国2007年开始实施新的企业会计准则，为确保数据统计口径的一致性和可比性，故选取2007年作为样本起始年度。样本经过以下程序的筛选：剔除性质特殊的金融类企业，剔除数据缺失的企业，最后得到9666个企业年度观测值。此外，为避免极端值对分析结果造成偏差，对连续性变量进行1%和99%水平的缩尾处理。本章所使用的财务数据主要来源于CSMAR和CCER数据库，社会连带通过企业年度财务报告中高管简历进行手工整理，以及通过新浪网、金融界等网站进行补充。数据处理采用Stata12.0和Excel 2013。

（二）模型选择与变量定义

为了检验以上假设，本章以现金持有指标作为因变量，用财务柔性价值作为解释变量，构建模型（4–1），以检验财务柔性价值对现金持有决策的影响，主要考察财务柔性价值的回归系数α_1的符号，当模型中的财务柔性价值（$VOFF$）的系数α_1显著为正时，说明财务柔性价值越高，企业越倾向于提高现金持有；以现金持有作为因变量，用财务柔性价值和社会连带及二者交互项作为解释变量，构建模型（4–2），以检验财务柔性价值和社会连带对现金持有的影响，主要考察交互项的回归系数α_2的显著性水平，若模型中交互项系数α_2显著，则说明社会连带对财务柔性价值与现金持有发挥了显著的调节效应。模型（4–1）和模型（4–2）中$C_change_{i,t}$表示现金持有，采用现金持有变动值除以滞后一期总资产进行度量。$VOFF$表示财务柔性价值，即第三章第三节设计的计算指标。tie表示社会连带，包括政治连带、商业连带和银行连带。同时，加入了一些控制变量，包括托宾Q、总资产收益率、企业规模、资本支出、财务杠杆、股利支付、研发支出，以及年度和行业等变量（变量定义见表4–1）。

$$C\_change_{i,t}=\alpha_0+\alpha_1 VOFF_{i,t-1}+\alpha_2 TOBIN_{i,t}+\alpha_3 ROA_{i,t}+\alpha_4 SIZE_{i,t}+\alpha_5 EXP_{i,t}+\alpha_6 LEV_{i,t}+\alpha_7 Payerd_{i,t}+\alpha_8 RDTA_{i,t}+\sum year+\sum IND+\varepsilon_{i,t} \tag{4–1}$$

$$C\_change_{i,t}=\alpha_0+\alpha_1 VOFF_{i,t-1}+\alpha_2 VOFF_{i,t-1}\times tie_{i,t-1}+\alpha_3 tie_{i,t-1}+\alpha_4 TOBIN_{i,t}+\alpha_5 ROA_{i,t}+\alpha_6 SIZE_{i,t}+\alpha_7 EXP_{i,t}+\alpha_8 LEV_{i,t}+\alpha_9 Payerd_{i,t}+\alpha_{10} RDTA_{i,t}+\sum year+\sum IND+\varepsilon_{i,t} \tag{4–2}$$

模型中涉及的变量定义：

1. 现金持有

本章定义的现金持有借鉴了Rapp等（2014）的测量方法，现金持有采用现金持有的变动值比上滞后一期的总资产进行度量，即将当期的现金持有减去滞后一期的现金持有再除以滞后一期总资产，现金持有包括货币资金和交易性金融资产。这里采用现金持有的相对改变量而非绝对值，主要是为了剔除企业之间现金持有量级之间的差异。

2. 财务柔性价值的测量方法

财务柔性价值的度量采用第三章第三节的计算方法，即根据Gamba 和Triantis（2008）提出的理论模型，按照影响因素分配得到的权重计算每家企业每年的财务柔性价值。为控制变量之间可能存在的内生性问题，模型中对主要解释变量财务柔性价值采用滞后一期进行回归。同时，为确保研究结论的稳健性和可比性，本章还根据第三章第三节计算的财务柔性价值的替代指标，进行稳健性检验。

3. 社会连带的测度方法

本章采用社会连带作为企业社会连带的测量指标。CEO作为企业的关键领导者，其社会连带能够为企业带来稀缺信息和资源，比如获得政策优惠，获取有利投资机会，突破管制障碍等。借鉴张祥建等（2015）的计算方法，通过考察CEO的任职经历来衡量企业的社会连带，包括政治连带、商业连带和银行连带。采用赋值法对CEO政治连带进行测度，通过CEO是否曾经在相关政府部门有过任职经历衡量，包括大人、政协、政府机关、事业单位等，没有政治连带赋值为0，地方赋值为1，中央赋值为2，中央和地方的都有赋值为3。商业连带是企业与其商业生态圈联系和合作的重要途径，CEO的商业连带有助于企业之间交流与学习，促进资源共享和利用效果，从而改善企业绩效。CEO的商业连带通过CEO在其他企业兼职岗位的数量进行测度，没有兼职的赋值为0，1个兼职岗位的赋值为1，2个兼职岗位的赋值为2，3个及以上兼职岗位的赋值为3。银行连带是企业与银行联系的最直接相关的途径，通过CEO是否曾经在银行有过任职经历进行衡量，有为1，没有为0。社会连带是对政治连带、商业连带和银行连带进行综合考察，将三者进行加总得到。考虑到社会连带程度对财务柔性价值与现金持有的影响，文中采用中位数分组产生虚拟变量，大于中位数的定义为社会连带程度较高，赋值为1；否则定义为社会连带程度较低，赋值为0。

4. 控制变量

控制变量借鉴Liu和Mauer（2011）的做法，加入了托宾Q、总资产收益率、企业规模、资本支出、财务杠杆、股利支付、研发支出，以及年度和行业等控制变量。

模型中变量定义及度量方法见表4-1。

表4-1 变量定义及度量方法

变量类型	变量名称	变量代码	度量方法
被解释变量	现金持有	*C_change*	现金持有的变化 / 总资产
解释变量	财务柔性价值	*VOFF*	详见第三章第三节财务柔性价值的计算方法
	社会连带	*tie*	高于中位数取值为1，否则为0
分类变量	产权性质	*SOE*	按实际控制人性质设置虚拟变量，国有企业取1，非国有企业取0
	制度环境	*INST*	所在地区的市场化指数高于中位数为好，否则为差
控制变量	托宾Q	*TOBIN*	（流通股市值 + 非流通股账面价值 + 负债账面价值）/ 资产账面价值
	总资产收益率	*ROA*	净利润 / 年末总资产
	企业规模	*SIZE*	年末总资产取自然对数
	资本支出	*EXP*	购建固定资产、无形资产和其他长期资产支付的现金 / 总资产
	财务杠杆	*LEV*	总负债 / 年末总资产
	股利支付	*Payerd*	虚拟变量，支付股利取值为1，未支付取值为0
	研发支出	*RDTA*	研发支出占总资产的比率
	年度	*year*	年度哑变量
	行业	*IND*	行业哑变量

第四节　实证结果及相关分析

（一）描述性统计与相关性分析

表4-2报告了主要变量的描述性统计。可以看出，企业的现金持有变动的均值为0.007，中位数0.004，标准差0.083，最小值-0.226，最大值0.286，表明不同企业之间现金持有变动比率相差较大，多半企业现金持有增多。财务柔性价值*VOFF*均值为1.021，标准差为0.322，最小值为-0.176，最大值为1.828，说明不同企业的财务柔性价值之间存在较大差异，当企业财务柔性价值为负时，说明企业提高财务柔性的水平对企业价值是有损害的，会导致企业价值的下降。社会连带*tie*均值为0.338，标准差为0.473，最小值0，最大值1，表明不同企业的社会连带差距较大。托宾Q均值1.969，标准差1.671，最小值0.217，最大值9.683，表明企业之间的成长机会有很大差异。资产报酬率*ROA*均值0.043，标准差0.056，最小值-0.156，最大值0.227，表明不同企业之间的会计绩效差异较大。企业规模均值21.870。资本支出均值0.055，中位数0.041。财务杠杆均值0.469，最小值0.052，最大值0.964，不同企业之间差异比较大。股利支付均值0.671，中位数为1，表明发放股利的企业占多数。研发支出均值0.012，表明研发支出占总资产比重小。

表4-2　关键变量的描述性统计

变量名	观测值	均值	中位数	标准差	最小值	最大值
C_change	9666	0.007	0.004	0.083	-0.226	0.286
VOFF	9666	1.021	0.991	0.322	-0.176	1.828
tie	9666	0.338	0	0.473	0	1
TOBIN	9666	1.969	1.504	1.671	0.217	9.683
ROA	9666	0.043	0.036	0.056	-0.156	0.227
SIZE	9666	21.870	21.760	1.1630	19.300	24.930
EXP	9666	0.055	0.041	0.052	0	0.247
LEV	9666	0.469	0.473	0.215	0.052	0.964
Payerd	9666	0.671	1	0.470	0	1
RDTA	9666	0.012	0.005	0.016	0	0.077

表4–3报告了主要变量的Pearson相关性分析。从表4–3可以看出，各个变量的相关系数较小，除个别系数外，各变量相关系数均小于0.5，表明变量之间不存在严重的多重共线性问题。

表4–3 主要变量的Pearson相关性分析

变量	*VOFF*	*tie*	*TOBIN*	*ROA*	*SIZE*	*EXP*	*LEV*	*Payerd*	*RDTA*
VOFF	1								
tie	0.180***	1							
TOBIN	–0.088***	0.065***	1						
ROA	–0.168***	–0.00700	0.294***	1					
SIZE	–0.054***	–0.069***	–0.550***	0.054***	1				
EXP	0.133***	0.064***	0.008	0.109***	0.021**	1			
LEV	0.052***	0.088***	–0.408***	–0.379***	0.420***	–0.097***	1		
Payerd	–0.118***	–0.119***	–0.074***	0.393***	0.230***	0.094***	–0.231***	1	
RDTA	–0.136***	–0.118***	0.203***	0.194***	–0.175***	0.094***	–0.324***	0.196***	1

注：***、** 分别表示在1%、5%水平上显著。

（二）财务柔性价值与现金持有

为降低模型的内生性，对财务柔性价值采用滞后一期数据放入回归模型，并加入相应控制变量。为增强研究结论的稳健性，分别采用OLS回归和固定效应回归两种检验方法。

表4–4 财务柔性价值与现金持有

变量	（1）	（2）
	OLS回归	固定效应回归
$VOFF_{i,t-1}$	0.019*** （6.24）	0.027*** （6.84）
$TOBIN_{i,t}$	0.001* （1.95）	0.003** （2.36）
$ROA_{i,t}$	0.367*** （19.84）	0.415*** （16.28）

续表

变量	（1）	（2）
	OLS 回归	固定效应回归
$SIZE_{i,t}$	0.005*** （5.08）	0.042*** （12.20）
$EXP_{i,t}$	−0.238*** （−14.45）	−0.392*** （−15.30）
$LEV_{i,t}$	0.068*** （13.61）	0.019 （1.61）
$Payerd_{i,t}$	−0.003 （−1.58）	0.003 （1.16）
$RDTA_{i,t}$	−0.202*** （−3.13）	−0.202 （−1.59）
_cons	−0.128*** （−5.77）	−0.913*** （−12.33）
Dummies	行业 / 年度	年度
N	9666	9666
adj. R−sq	0.1119	0.1067

注：括号中为 t 值；***、**、* 分别表示在 1%、5%、10% 水平上显著（双尾）。

表4−4报告了模型（4−1）分别采用OLS和固定效应的回归结果。从表4−4的第（1）列财务柔性价值与现金持有采用OLS回归的结果来看，财务柔性价值（*VOFF*）与现金持有（*C_change*）的回归系数为0.019，在1%的水平显著为正；第（2）列的固定效应回归显示了相似的结果，财务柔性价值与现金持有的回归系数为0.027，在1%的水平显著为正。这表明企业的财务柔性价值越大，企业越倾向于采取提高现金持有的行为，从而为假设4−1提供了经验证据的支持。

从控制变量来看，企业的成长机会托宾Q与现金持有的回归系数在1%水平上显著为正，表明企业的成长机会越大，企业越倾向于增加现金持有，以满足未来的资金需求。企业的资产报酬率与现金持有的回归系数显著为正，表明企业经营绩效越好，现金持有越多。企业规模与现金持有呈正相关，在1%水平上显著，表明企业规模越大，现金持有水平越高。企业资本支出与现金持有呈显著负相关，表明企业资本支出越多，现金持有越少。企业研发投入与现金持有呈负相关关系，表明研发投入越多，现金持有水平越低。

（三）财务柔性价值、社会连带与现金持有

表4-5　财务柔性价值、社会连带与现金持有

变量	OLS 回归		固定效应回归	
	（1）	（2）	（3）	（4）
$VOFF_{i,t-1}$	0.019***	0.024***	0.027***	0.035***
	（6.23）	（6.53）	（6.84）	（7.57）
$VOFF_{i,t-1} \times tie_{i,t-1}$		−0.013**		−0.020***
		（−2.45）		（−3.36）
$tie_{i,t-1}$	−0.001	0.012**	−0.001	0.021***
	（−0.37）	（2.09）	（−0.39）	（2.83）
$TOBIN_{i,t}$	0.001*	0.001**	0.003**	0.003**
	（1.95）	（1.99）	（2.36）	（2.34）
$ROA_{i,t}$	0.367***	0.366***	0.415***	0.412***
	（19.82）	（19.75）	（16.27）	（16.14）
$SIZE_{i,t}$	0.005***	0.005***	0.042***	0.043***
	（5.08）	（5.08）	（12.20）	（12.47）
$EXP_{i,t}$	−0.238***	−0.239***	−0.391***	−0.391***
	（−14.44）	（−14.50）	（−15.28）	（−15.26）
$LEV_{i,t}$	0.068***	0.068***	0.019	0.019
	（13.62）	（13.65）	（1.62）	（1.61）
$Payersd_{i,t}$	−0.003	−0.003	0.003	0.003
	（−1.57）	（−1.57）	（1.16）	（1.21）
$RDTA_{i,t}$	−0.202***	−0.201***	−0.205	−0.203
	（−3.13）	（−3.12）	（−1.61）	（−1.60）
_cons	−0.127***	−0.132***	−0.912***	−0.943***
	（−5.74）	（−5.93）	（−12.31）	（−12.64）
Dummies	行业 / 年度	行业 / 年度	年度	年度
N	9666	9666	9666	9666
adj. R-sq	0.1118	0.1123	0.1067	0.1080

注：括号中为 t 值；***、**、* 分别表示在 1%、5%、10% 水平上显著（双尾）。

表4–5报告了财务柔性价值、社会连带与现金持有的回归结果。其中，第（1）列和第（2）列是OLS回归结果，第（3）列和第（4）列是固定效应回归结果。具体来看，第（1）列是财务柔性价值与社会连带对现金持有的回归结果，第（2）列是在第（1）列的基础上加入财务柔性价值与社会连带的交互项对现金持有的回归结果，第（3）列和第（4）列同理。

从表4–5的回归结果来看，第（1）列和第（3）列中，财务柔性价值对现金持有的回归系数在1%水平上显著为正，表明财务柔性价值越高，企业的现金持有水平越高。从第（2）列和第（4）列的回归结果来看，财务柔性价值的回归系数显著为正，在1%水平上显著，表明财务柔性价值越高，企业越倾向于提高现金持有水平；相比第（1）列和第（3）列，其系数的绝对值均有所增大，表明财务柔性价值对现金持有水平的影响力度有所增强；社会连带的回归系数由负变正，且在5%水平上显著，表明社会连带企业倾向于提高现金持有水平，相对于未加入交互项的系数来看，其量级和显著性均有大幅提高，表明社会连带结合财务柔性价值对企业现金持有决策产生影响。第（2）列和第（4）列的交互项系数分别在5%和1%的水平上显著为负，表明社会连带对财务柔性价值与现金持有行为发挥负向调节效应，削弱了财务柔性价值对现金持有的正向提升效应。原因可能在于社会连带有助于企业建立不同层次的资源获取渠道，降低现金持有对财务柔性价值的敏感性和依赖性，从而发挥负向调节效应。这为假设4–2提供了经验证据的支持。从控制变量来看，企业的成长机会TOBIN、资产报酬率ROA、企业规模、资本支出均与现金持有显著相关。

（四）财务柔性价值、社会连带与现金持有：基于产权性质

表4–6　财务柔性价值、社会连带与现金持有：基于产权性质

变量	国有企业				非国有企业			
	OLS回归		固定效应回归		OLS回归		固定效应回归	
	（1）	（2）	（3）	（4）	（5）	（6）	（7）	（8）
$VOFF_{i,t-1}$	0.013***	0.018***	0.028***	0.040***	0.024***	0.028***	0.027***	0.034***
	（3.33）	（3.87）	（5.52）	（6.39）	（5.09）	（4.93）	（4.34）	（4.74）

续表

变量	国有企业				非国有企业			
	OLS 回归		固定效应回归		OLS 回归		固定效应回归	
	(1)	(2)	(3)	(4)	(5)	(6)	(7)	(8)
$VOFF_{i,t-1}\times tie_{i,t-1}$		-0.013^{**} (−2.00)		-0.025^{***} (−3.25)		−0.010 (−1.22)		-0.020^{**} (−1.98)
$tie_{i,t-1}$	0.003 (1.00)	0.017^{**} (2.23)	0.001 (0.23)	0.029^{***} (3.02)	−0.003 (−0.81)	0.007 (0.81)	−0.002 (−0.37)	0.018 (1.58)
$TOBIN_{i,t}$	−0.001 (−1.00)	−0.001 (−0.99)	−0.000 (−0.02)	0.000 (0.04)	0.003^{***} (3.30)	0.003^{***} (3.31)	0.004^{**} (2.51)	0.004^{**} (2.48)
$ROA_{i,t}$	0.390^{***} (14.90)	0.388^{***} (14.82)	0.492^{***} (13.02)	0.490^{***} (12.98)	0.333^{***} (12.76)	0.333^{***} (12.74)	0.360^{***} (9.75)	0.357^{***} (9.66)
$SIZE_{i,t}$	−0.000 (−0.19)	−0.000 (−0.18)	0.033^{***} (6.28)	0.034^{***} (6.55)	0.010^{***} (6.59)	0.010^{***} (6.59)	0.048^{***} (9.52)	0.049^{***} (9.67)
$EXP_{i,t}$	-0.172^{***} (−7.56)	-0.174^{***} (−7.64)	-0.297^{***} (−8.49)	-0.296^{***} (−8.46)	-0.271^{***} (−11.38)	-0.271^{***} (−11.38)	-0.483^{***} (−12.38)	-0.482^{***} (−12.37)
$LEV_{i,t}$	0.056^{***} (7.89)	0.056^{***} (7.93)	0.081^{***} (4.65)	0.081^{***} (4.67)	0.070^{***} (9.67)	0.070^{***} (9.68)	−0.023 (−1.32)	−0.023 (−1.34)
$Payersd_{i,t}$	−0.001 (−0.43)	−0.001 (−0.40)	0.001 (0.18)	0.001 (0.26)	−0.004 (−1.30)	−0.004 (−1.29)	0.005 (1.21)	0.005 (1.21)
$RDTA_{i,t}$	-0.183^{*} (−1.90)	-0.181^{*} (−1.87)	−0.085 (−0.46)	−0.065 (−0.35)	-0.201^{**} (−2.27)	-0.202^{**} (−2.28)	−0.296 (−1.56)	−0.302 (−1.60)
_cons	−0.007 (−0.25)	−0.013 (−0.46)	-0.764^{***} (−6.61)	-0.809^{***} (−6.96)	-0.246^{***} (−6.90)	-0.249^{***} (−6.97)	-1.016^{***} (−9.47)	-1.041^{***} (−9.65)
行业 / 年度	行业 / 年度	行业 / 年度	年度	年度	行业 / 年度	行业 / 年度	年度	年度
N	4479	4479	4479	4479	5187	5187	5187	5187
adj. R−sq	0.0847	0.0853	0.1063	0.1090	0.1264	0.1265	0.1141	0.1151

注：括号中为 t 值；***、**、* 分别表示在 1%、5%、10% 水平上显著（双尾）。

为了进一步分析财务柔性价值、社会连带对企业现金持有行为的影响，将样本按照产权性质进行分组，分为国有企业与非国有企业两组。表4–6列示了按照实际控制人类别分组检验的结果，从回归结果可以发现，财务柔性价值对企业现金持有的回归系数全部在 1%水平显著为正，表明不论国有企业还是非国有企业，财务柔性价值高的企业都倾向于采取提高现金持有的行为。

财务柔性价值与社会连带的交互项系数在国有企业样本中显著为负，在非国有企业样本中系数的绝对值和显著性均有所减低，表明在国有企业样本中，社会连带对财务柔性价值与现金持有发挥了更显著的负向调节效应，从而验证了假设4-3a。原因可能在于，相比非国有企业，国有企业的代理问题更为严重，股东对现金持有更为敏感；同时，具有社会连带的国有企业，获取资金的能力更强，由此加剧现金持有带来的代理问题，即资源优势加剧了代理冲突。因此，国有企业现金持有行为对于财务柔性价值与社会连带更为敏感，为缓解代理问题，降低代理成本，社会连带抑制了财务柔性价值对现金持有的影响，即社会连带削弱了财务柔性价值对现金持有的正向提升效应。

（五）财务柔性价值、社会连带与现金持有：基于制度环境

表4-7　财务柔性价值、社会连带与现金持有：基于制度环境

变量	制度环境差的地区				制度环境好的地区			
	OLS 回归		固定效应回归		OLS 回归		固定效应回归	
	（1）	（2）	（3）	（4）	（5）	（6）	（7）	（8）
$VOFF_{i,t-1}$	0.015^{***} （3.88）	0.023^{***} （4.85）	0.028^{***} （5.35）	0.040^{***} （6.59）	0.024^{***} （5.07）	0.025^{***} （4.27）	0.029^{***} （4.66）	0.033^{***} （4.33）
$VOFF_{i,t-1}\times tie_{i,t-1}$		-0.020^{***} （-2.93）		-0.031^{***} （-3.84）		-0.002 （-0.21）		-0.008 （-0.89）
$tie_{i,t-1}$	0.001 （0.26）	0.023^{***} （2.77）	0.004 （0.94）	0.039^{***} （3.85）	-0.002 （-0.47）	0.000 （0.01）	-0.005 （-1.03）	0.004 （0.34）
$TOBIN_{i,t}$	0.001 （0.84）	0.001 （0.93）	0.005^{***} （3.17）	0.005^{***} （3.14）	0.002^{**} （2.18）	0.002^{**} （2.18）	0.000 （0.23）	0.000 （0.21）
$ROA_{i,t}$	0.344^{***} （14.29）	0.341^{***} （14.16）	0.373^{***} （11.38）	0.366^{***} （11.18）	0.389^{***} （13.31）	0.389^{***} （13.31）	0.483^{***} （11.42）	0.484^{***} （11.43）
$SIZE_{i,t}$	0.005^{***} （3.40）	0.005^{***} （3.41）	0.043^{***} （9.62）	0.045^{***} （9.97）	0.005^{***} （3.57）	0.005^{***} （3.57）	0.046^{***} （7.89）	0.046^{***} （7.93）
$EXP_{i,t}$	-0.200^{***} （-9.06）	-0.203^{***} （-9.18）	-0.331^{***} （-9.72）	-0.333^{***} （-9.79）	-0.282^{***} （-11.28）	-0.282^{***} （-11.28）	-0.459^{***} （-11.40）	-0.458^{***} （-11.37）

续表

变量	制度环境差的地区				制度环境好的地区			
	OLS 回归		固定效应回归		OLS 回归		固定效应回归	
	(1)	(2)	(3)	(4)	(5)	(6)	(7)	(8)
$LEV_{i,t}$	0.054***	0.054***	0.006	0.007	0.084***	0.084***	0.032*	0.031*
	(7.98)	(8.06)	(0.41)	(0.44)	(10.92)	(10.92)	(1.67)	(1.65)
$Payersd_{i,t}$	−0.002	−0.002	0.005	0.005	−0.004	−0.004	0.000	0.000
	(−0.84)	(−0.80)	(1.25)	(1.32)	(−1.26)	(−1.26)	(0.09)	(0.09)
$RDTA_{i,t}$	−0.163*	−0.163*	−0.223	−0.208	−0.216**	−0.216**	−0.253	−0.255
	(−1.73)	(−1.73)	(−1.23)	(−1.14)	(−2.38)	(−2.38)	(−1.37)	(−1.37)
_cons	−0.109***	−0.117***	−0.950***	−0.998***	−0.151***	−0.152***	−0.993***	−1.005***
	(−3.67)	(−3.91)	(−9.70)	(−10.12)	(−4.27)	(−4.27)	(−7.99)	(−8.04)
行业 / 年度	行业 / 年度	行业 / 年度	年度	年度	行业 / 年度	行业 / 年度	年度	年度
N	5094	5094	5094	5094	4572	4572	4572	4572
adj. R-sq	0.0859	0.0873	0.1007	0.1042	0.1411	0.1409	0.1196	0.1199

注：括号中为 t 值；***、**、* 分别表示在 1%、5%、10% 水平上显著（双尾）。

为了进一步分析财务柔性价值、社会连带在不同制度环境下对企业现金持有的影响，表4–7列示了按照制度环境中位数分组检验的结果。从中可以发现，财务柔性价值对企业现金持有水平的回归系数显著为正，且均在1%水平上显著，表明无论是在制度环境好的地区，还是在制度环境差的地区，财务柔性价值高的企业都倾向于采取提高现金持有的行为。

财务柔性价值与社会连带的交互项系数在制度环境差的地区显著为负，在制度环境好的地区为负但不显著，表明相比制度环境好的地区，在制度环境差的地区，社会连带对财务柔性价值与现金持有发挥了显著的调节效应，从而验证了假设4–4。原因可能在于，制度环境好的地区企业筹集资金的渠道更广，规模更大，所受的外部融资约束相对较小，在现金持有决策中对财务柔性价值和社会连带的依赖较小。而制度环境差的地区则相反，企业更依赖社会连带的隐性资源，在进行现金持有决策时，会更多考虑社会连带给财务资源带来的便利，从而发挥社会连带的调节效应。

第五节　稳健性检验

为了进一步验证假设的成立，基于Gamba 和Triantis（2008）的理论基础，并与Rapp等（2014）研究保持一致性和对比性，本章采用第三章第三节中设计的下列财务柔性价值的计算式子作为财务柔性价值的替代指标，进行稳健性检验，其他控制变量保持不变。

$$VOFF_{i,t}=0.8366016-0.3079325\times SGR_{i,t}-3.243003\times\frac{\Delta E_{i,t}}{M_{i,t-1}}-0.4998316\times T_{i,t}-0.8525402\times Speread_{i,t}+1.344578\times Tang_{i,t} \quad (4-3)$$

从回归结果整体来看，与前文结果保持高度一致。表4-8中财务柔性价值（*VOFF*）的回归系数显著为正，假设4-1进一步得到支持；财务柔性价值与社会连带的交互项系数显著为负，假设4-2进一步得到经验支持。表4-9和表4-10是分别对产权性质和制度环境的分组检验结果，从回归结果来看，与前文结果均保持一致，假设4-3a和假设4-4进一步得到验证和支持。

表4-8　财务柔性价值、社会连带与现金持有

变量	OLS 回归			固定效应回归		
	（1）	（2）	（3）	（4）	（5）	（6）
$VOFF_{i,t-1}$	0.017^{***} （5.23）	0.017^{***} （5.23）	0.024^{***} （6.06）	0.018^{***} （4.19）	0.018^{***} （4.19）	0.029^{***} （5.63）
$VOFF_{i,t-1}\times tie_{i,t-1}$			-0.018^{***} （−3.10）			-0.026^{***} （−3.87）
$tie_{i,t-1}$		−0.001 （−0.35）	0.015^{***} （2.67）		−0.001 （−0.20）	0.025^{***} （3.37）
$TOBIN_{i,t}$	0.001^{**} （2.03）	0.001^{**} （2.03）	0.001^{**} （2.07）	0.003^{***} （2.60）	0.003^{***} （2.60）	0.003^{***} （2.63）
$ROA_{i,t}$	0.363^{***} （19.48）	0.363^{***} （19.47）	0.361^{***} （19.37）	0.404^{***} （15.61）	0.404^{***} （15.61）	0.399^{***} （15.39）

续表

变量	OLS 回归			固定效应回归		
	(1)	(2)	(3)	(4)	(5)	(6)
$SIZE_{i,t}$	0.005*** (5.05)	0.005*** (5.05)	0.005*** (5.08)	0.045*** (12.70)	0.045*** (12.69)	0.046*** (12.96)
$EXP_{i,t}$	−0.240*** (−14.57)	−0.240*** (−14.56)	−0.242*** (−14.68)	−0.396*** (−15.44)	−0.396*** (−15.43)	−0.396*** (−15.44)
$LEV_{i,t}$	0.070*** (13.83)	0.070*** (13.83)	0.071*** (13.91)	0.016 (1.32)	0.016 (1.33)	0.016 (1.35)
$Payersd_{i,t}$	−0.003 (−1.29)	−0.003 (−1.29)	−0.003 (−1.25)	0.004 (1.54)	0.004 (1.55)	0.005* (1.65)
$RDTA_{i,t}$	−0.219*** (−3.40)	−0.219*** (−3.40)	−0.217*** (−3.36)	−0.216* (−1.69)	−0.217* (−1.70)	−0.212* (−1.66)
_cons	−0.125*** (−5.59)	−0.124*** (−5.56)	−0.131*** (−5.83)	−0.964*** (−12.69)	−0.963*** (−12.68)	−0.995*** (−13.03)
行业 / 年度	行业 / 年度	行业 / 年度	行业 / 年度	年度	年度	年度
N	9526	9526	9526	9526	9526	9526
adj. R−sq	0.1126	0.1125	0.1133	0.1075	0.1075	0.1093

注：括号中为 t 值；***、**、* 分别表示在 1%、5%、10% 水平上显著（双尾）。

表4−8分别报告了模型4−1和模型4−2采用OLS和固定效应回归的实证结果。从表4−8的第（1）列财务柔性价值与现金持有采用OLS的回归结果来看，财务柔性价值与现金持有水平的回归系数为0.017，在1%的水平显著为正；第（4）列的固定效应回归显示了相似的结果，财务柔性价值与现金持有水平的回归系数为0.018，在1%的水平显著为正。这表明企业的财务柔性价值越大，企业越倾向于提高现金持有水平，从而为假设4−1提供了经验证据的支持。考察第（3）列和第（6）列的交互项系数，均在1%的水平上显著为负，表明社会连带对财务柔性价值与现金持有决策行为发挥负向调节效应，削弱了财务柔性价值对现金持有的正向提升效应。原因可能在于社会连带有助于企业建立不同层次的资源获取渠道，降低现金持有对财务柔性价值的敏感和依赖，从而发挥负向调节效应，再次为假设4−2提供了经验证据的支持。

表4-9 财务柔性价值、社会连带与现金持有：基于产权性质

变量	国有企业				非国有企业			
	OLS 回归		固定效应回归		OLS 回归		固定效应回归	
	(1)	(2)	(3)	(4)	(5)	(6)	(7)	(8)
$VOFF_{i,t-1}$	0.011*** (2.67)	0.019*** (3.95)	0.019*** (3.38)	0.034*** (5.06)	0.024*** (4.66)	0.027*** (4.36)	0.021*** (3.04)	0.030*** (3.60)
$VOFF_{i,t-1}\times tie_{i,t-1}$		−0.021*** (−3.05)		−0.034*** (−4.05)		−0.008 (−0.91)		−0.022* (−1.93)
$tie_{i,t-1}$	0.004 (1.11)	0.024*** (3.23)	0.002 (0.36)	0.036*** (3.78)	−0.003 (−0.89)	0.004 (0.50)	−0.001 (−0.23)	0.019 (1.62)
$TOBIN_{i,t}$	−0.001 (−0.53)	−0.001 (−0.47)	0.000 (0.22)	0.000 (0.23)	0.003*** (3.19)	0.003*** (3.19)	0.005*** (2.86)	0.005*** (2.90)
$ROA_{i,t}$	0.387*** (14.70)	0.384*** (14.55)	0.487*** (12.81)	0.483*** (12.71)	0.328*** (12.45)	0.327*** (12.44)	0.343*** (9.06)	0.338*** (8.94)
$SIZE_{i,t}$	−0.000 (−0.32)	−0.000 (−0.24)	0.036*** (6.80)	0.037*** (7.02)	0.011*** (6.76)	0.011*** (6.77)	0.051*** (9.79)	0.052*** (9.92)
$EXP_{i,t}$	−0.170*** (−7.46)	−0.173*** (−7.62)	−0.303*** (−8.64)	−0.301*** (−8.62)	−0.277*** (−11.61)	−0.277*** (−11.62)	−0.491*** (−12.56)	−0.491*** (−12.57)
$LEV_{i,t}$	0.058*** (8.13)	0.059*** (8.25)	0.078*** (4.48)	0.079*** (4.51)	0.072*** (9.73)	0.072*** (9.74)	−0.029* (−1.66)	−0.029* (−1.65)
$Payersd_{i,t}$	−0.001 (−0.38)	−0.001 (−0.33)	0.001 (0.32)	0.002 (0.45)	−0.003 (−0.94)	−0.003 (−0.92)	0.007 (1.60)	0.007 (1.64)
$RDTA_{i,t}$	−0.203** (−2.09)	−0.194** (−2.00)	−0.098 (−0.53)	−0.071 (−0.38)	−0.212** (−2.40)	−0.213** (−2.41)	−0.322* (−1.71)	−0.327* (−1.74)
_cons	−0.003 (−0.12)	−0.014 (−0.49)	−0.823*** (−7.03)	−0.863*** (−7.36)	−0.251*** (−6.93)	−0.253*** (−6.98)	−1.071*** (−9.67)	−1.096*** (−9.84)
行业 / 年度	行业 / 年度	行业 / 年度	年度	年度	行业 / 年度	行业 / 年度	年度	年度
N	4413	4413	4413	4413	5113	5113	5113	5113
adj. R-sq	0.0845	0.0862	0.1066	0.1108	0.1284	0.1284	0.1164	0.1173

注：括号中为 t 值；***、**、* 分别表示在 1%、5%、10% 水平上显著（双尾）。

进一步分析不同企业产权性质下财务柔性价值与社会连带对企业现金持有决策行为的影响，将样本按照产权性质进行分组，分为国有企业与非国有企业两组。表4-9列示了按照产权性质分组检验的结果，从表4-9的回归结果可以发现，财务柔性价值对企业现金持有水平的回归系数全部在 1% 水平

显著为正，表明不论国有企业还是非国有企业，财务柔性价值高的企业都倾向于采取提高现金持有策略。财务柔性价值与社会连带的交互项系数在国有企业样本中显著为负，在非国有企业样本中分别表现出不显著及在10%水平上显著，回归系数的绝对值和显著性相对国有企业均有所减低。这表明在国有企业样本中，社会连带对财务柔性价值与现金持有决策发挥了更显著的负向调节效应，削弱了财务柔性价值对现金持有的正向提升效应，从而再次验证了假设4-3a。

表4-10　财务柔性价值、社会连带与现金持有：基于制度环境

变量	制度环境差的地区				制度环境好的地区			
	OLS 回归		固定效应回归		OLS 回归		固定效应回归	
	（1）	（2）	（3）	（4）	（5）	（6）	（7）	（8）
$VOFF_{i,t-1}$	0.011**	0.020***	0.017***	0.032***	0.025***	0.028***	0.024***	0.030***
	（2.56）	（3.80）	（2.98）	（4.67）	（5.00）	（4.69）	（3.51）	（3.72）
$VOFF_{i,t-1}\times tie_{i,t-1}$		−0.023***		−0.036***		−0.009		−0.015
		（−2.97）		（−3.97）		（−1.03）		（−1.44）
$tie_{i,t-1}$	0.000	0.022***	0.005	0.041***	−0.001	0.007	−0.004	0.010
	（0.09）	（2.72）	（1.01）	（3.99）	（−0.31）	（0.82）	（−0.89）	（0.89）
$TOBIN_{i,t}$	0.001	0.001	0.005***	0.005***	0.003**	0.003**	0.001	0.001
	（0.80）	（0.86）	（2.80）	（2.76）	（2.44）	（2.44）	（0.59）	（0.62）
$ROA_{i,t}$	0.342***	0.339***	0.370***	0.360***	0.381***	0.381***	0.462***	0.461***
	（14.03）	（13.88）	（11.05）	（10.74）	（13.03）	（13.03）	（10.88）	（10.86）
$SIZE_{i,t}$	0.004***	0.005***	0.045***	0.046***	0.005***	0.005***	0.052***	0.052***
	（3.33）	（3.36）	（9.67）	（9.97）	（3.59）	（3.60）	（8.57）	（8.64）
$EXP_{i,t}$	−0.206***	−0.209***	−0.343***	−0.346***	−0.282***	−0.282***	−0.448***	−0.447***
	（−9.22）	（−9.38）	（−9.99）	（−10.08）	（−11.32）	（−11.33）	（−11.17）	（−11.12）
$LEV_{i,t}$	0.055***	0.056***	0.005	0.005	0.088***	0.088***	0.024	0.024
	（8.10）	（8.19）	（0.32）	（0.34）	（11.24）	（11.26）	（1.26）	（1.27）
$Payersd_{i,t}$	−0.002	−0.002	0.005	0.005	−0.003	−0.003	0.003	0.003
	（−0.76）	（−0.69）	（1.31）	（1.41）	（−0.85）	（−0.86）	（0.70）	（0.73）
$RDTA_{i,t}$	−0.193**	−0.193**	−0.242	−0.221	−0.224**	−0.223**	−0.261	−0.264
	（−2.04）	（−2.04）	（−1.32）	（−1.21）	（−2.47）	（−2.46）	（−1.41）	（−1.43）
_cons	−0.101***	−0.109***	−0.967***	−1.011***	−0.155***	−0.158***	−1.112***	−1.129***
	（−3.36）	（−3.63）	（−9.62）	（−10.02）	（−4.36）	（−4.44）	（−8.64）	（−8.74）

续表

变量	制度环境差的地区				制度环境好的地区			
	OLS 回归		固定效应回归		OLS 回归		固定效应回归	
	(1)	(2)	(3)	(4)	(5)	(6)	(7)	(8)
行业 / 年度	行业 / 年度	行业 / 年度	年度	年度	行业 / 年度	行业 / 年度	年度	年度
N	5438	5438	5438	5438	4088	4088	4088	4088
adj. R-sq	0.0867	0.0881	0.1014	0.1052	0.1422	0.1422	0.1200	0.1205

注：括号中为 t 值；***、** 分别表示在 1%、5% 水平上显著（双尾）。

进一步分析财务柔性价值与社会连带在不同制度环境下对企业现金持有决策行为的影响，表4-10列示了按照制度环境中位数分组检验的结果。从中可以发现，财务柔性价值对企业现金持有水平的回归系数显著为正，且在1%或5%的水平上显著，表明无论是在制度环境好的地区，还是在制度环境差的地区，财务柔性价值高的企业都倾向于采取提高现金持有水平的策略。财务柔性价值与社会连带的交互项系数在制度环境差的地区显著为负，在制度环境好的地区为负但不显著，表明相比制度环境好的地区，在制度环境差的地区，社会连带对财务柔性价值与现金持有发挥了显著的调节效应，且该调节效应仅存在于制度环境差的地区样本中，从而再次验证了假设4-4。原因可能在于，制度环境好的地区企业筹集资金的渠道更广、规模更大，所受的外部融资约束相对较小，在现金持有决策中对财务柔性价值和社会连带的依赖较少。而制度环境差的地区则相反，企业更依赖社会连带的隐性资源，在进行现金持有决策时，会更多考虑社会连带对财务资源带来的便利，进而影响企业财务决策行为。

第六节　本章小结

本章从现金持有决策行为的角度出发，研究财务柔性价值对现金持有的影响，社会连带对财务柔性价值与企业现金持有的调节效应，最后，在区分不同产权性质和制度环境的情况下进一步研究财务柔性价值、社会连带与现金持有的关系。在理论分析的基础上，提出了以下假设：①财务柔性价值高的企业倾向于提高现金持有水平。②社会连带越强，现金持有与财务柔性价值的敏感性越低。③相对于非国有企业，国有企业的现金持有决策对财务柔性价值和社会连带具有更强的敏感性，即国有企业中社会连带对财务柔性价值与现金持有发挥了更显著的调节效应。④相对于制度环境好的地区，处于制度环境差的地区的企业社会连带对财务柔性价值与现金决策发挥显著的调节效应。实证研究结果表明：

（1）财务柔性价值与企业现金持有决策呈显著正相关关系，财务柔性价值高的企业倾向于提高企业的现金持有水平，实证结果得到OLS回归和固定效应模型回归的支持。

（2）对财务柔性价值、社会连带与现金持有的分析结果显示，财务柔性价值与现金持有呈显著正相关关系，而财务柔性价值与社会连带对现金持有回归的交互项系数显著为负，表明社会连带对财务柔性价值与现金持有发挥了反向调节效应。

（3）考虑到产权性质和制度环境会对企业的财务行为产生影响，分别进行分组检验后发现，无论是国有企业还是非国有企业，财务柔性价值与现金持有决策的关系均显著为正，但社会连带的负向调节作用在国有企业组更强；无论是制度环境好，还是制度环境差，财务柔性价值与现金持有决策的关系均显著为正，但社会连带的负向调节作用仅在制度环境差的地区显著。

第五章　财务柔性价值、社会连带与负债融资

财务柔性是企业进行负债融资决策的重要影响因素，本章在探讨财务柔性价值对负债融资影响的基础上，结合我国特殊的制度背景，分析企业社会连带关系对财务柔性价值与负债融资决策的调节效应，以及在不同产权性质和不同市场化环境下该调节效应是否存在差异。本章的内容安排如下：第一节阐述研究背景，进而提出本章的研究问题；第二节在对相关理论和研究文献进行回顾和评述的基础上，提出相关研究假设；第三节为研究设计，包括样本选择、数据来源、模型选择和变量定义；第四节实证分析财务柔性价值对负债融资的影响，以及社会连带对财务柔性价值与负债融资的调节效应，进一步地，在区分不同产权性质与制度环境的情况下，分析该调节效应是否存在差异；第五节进行稳健性检验；第六节对本章研究进行总结。

第一节　研究背景与研究问题的提出

企业实际的负债水平往往低于理论预测的最佳水平，这引起了学者们的关注，成为资本结构研究中的重要内容。Modigliani 和 Miller 在 1958 年提出的 MM 理论，成为后续资本结构理论研究的逻辑起点。此后，学者们相继提出了多个资本结构理论，包括权衡理论、信号传递理论、优序融资理论、控制权理论等，试图解释理论与实际的差异。其中，权衡理论和优序融资理论是最重要的两个理论。Jensen 和 Meckling（1976）认为最佳资本结构是债权代

理成本和股权代理成本之和最小时的负债结构。Myers和Majluf（1984）则提出不对称信息条件下的优序融资理论，认为企业的财务政策是内部人向外界传递信号的手段，企业在进行融资选择时，会首选内部积累资金，如果需要外部融资，会先进行债务融资，最后才发行股票进行融资。那么，企业现实的经营活动中又是如何选择负债融资行为呢？是建立在经验法则之上还是追随财务理论？

Graham和Harvey（2001）通过对392名企业财务经理CFO进行调查问卷研究，得出了一些有趣的结论，59.4%的CFO认为财务柔性是影响负债融资的非常重要的因素，在影响因素中所占比重最大，紧随其后的是57.1%的信用评级。而根据权衡理论，举债可以获得的利息节税效应大约只占44.9%。然而，在此之前财务柔性并没有真正受到学者们的关注。随后，Bancel和Mittoo（2004）通过调查研究发现，87.9%的财务经理认为财务柔性是影响负债融资的最重要的因素。可见，在实务决策中，财务柔性对企业资本结构决策的重要性是毋庸置疑的。然而，财务柔性作为资本结构的重要影响因素，却是传统资本结构理论中遗漏的重要因素（DeAngelo H. and DeAngelo L.，2007）。Myers（1984）认为保留举债能力在未来容易获得外部资金，扩大投资规模，从而降低柔性企业投资对现金流的敏感性。Kuljot和James（2000）提出财务柔性是影响企业资本结构的重要因素，有利于降低风险，并提升企业价值。Billett和Garfinke（2004）认为财务柔性企业能以较低的成本进入资本市场，及时筹集资金，帮助企业抓住获利机会。基于财务柔性的考虑，企业倾向于采取保留举债能力，在一定程度上可以解释企业维持低杠杆的行为动因。

第二节　理论分析及假设的提出

（一）财务柔性价值与负债融资

根据权衡理论，企业在选择资本结构时会权衡负债的节税收益与陷入财务困境的成本。在经验证据中，企业往往偏离了最优负债水平，倾向于保留一部分的负债柔性而选择较低的负债水平（Graham，2000）。财务柔性理论可以解释企业的负债保守行为（Graham and Harvey，2001；DeAnglo et al.，2011）。相比权益融资，负债融资筹集资金的速度更快，且方便达成，能较好地满足将来可能发生的预期之外的资金支出。当企业预期未来要进行投资支出，会更倾向于降低目前的负债水平，以便将来产生资金需求时能够快速筹集到借款。当企业盈利状况良好时，企业的内部资金来源比较充裕，对外部资金的需求相对较低；当企业盈利状况不好时，企业的内部资金比较少，此时更依赖于外部筹资的资金。因此，当企业财务柔性价值较高时，保留举债能力有助于提升企业价值，决策层将更倾向于降低负债水平，以便将更多的筹资机会留到未来以满足额外的资金需求。

财务柔性价值体现了企业对财务资源的筹资和调配能力，并对负债融资行为产生影响。首先，影响企业财务资源配置。财务柔性是企业进行负债融资的重要依据，为了避免企业陷入财务困境，保证企业的正常运转和良好运营，企业在进行负债决策时需要考虑企业的财务柔性，并根据企业外部环境的变化，迅速做出调整，以维持良好的财务运转。其次，影响融资成本。以低成本获得企业所需财务资源是财务柔性的重要特征，当企业融资受限时，财务柔性高有助于企业低成本获取所需资金，避免企业资金链断裂，以较低成本顺利融资。另外，财务柔性高有助于企业在适当的时机快速抓住获利机会，整合资源，增强实力，实现企业战略目标。由于财务柔性低的企业在遇到财务危机或者投资机会时，很难筹集大量现金来度过危险期或者抓住机遇，所以，负债融资决策对财务柔性应有较强的敏感性。从这个角度出发，企业保留部分剩余举债能力可以快速取得未来投资项目所需的资金，或者应对未预料的现金流冲击。相比权益融资，负债取得资金的速度更快。Denis和Mckeon（2012）发现企业会减低负债水平，以期在将来能够顺利取得负债，因为较高的负债水平将削弱企业的未来举债能力。财务柔性价值主要体现在两个方面：缓解投资不足，避免陷入财务困境。因此，具有较高财务柔性价值的企业选择降低当前的负债水平，以应对未来的资金压力，预防可能发生的资金风险，有助于提升企业价值。

基于以上分析，本章提出以下假设：

假设5–1：其他条件不变，财务柔性价值高的企业倾向于降低企业的负债水平。

（二）财务柔性价值、社会连带与负债融资

财务柔性价值是股东对企业财务资源调配能力的综合评价，主要基于企业内部财务资源的角度，而社会连带是企业的社会资源，是一种隐性资源。Williamson（1985）认为在外部不确定性增加的情况下，相比外部，企业更容易从内部管理中获取高质量的信息。Boyd和Fulk（1996）提出高管对环境的感知是组织获取信息的重要来源，在企业获取外部信息途径上发挥重要作用。可见，高管的社会连带是帮助企业获取外部资源的重要途径和可靠方式。Cull等（2015）研究表明，政治连带在发展中国家普遍存在，并且是企业的重要资源。具有政治连带的企业更容易获取银行贷款（Claessens et al.，2008；Fan et al.，2008；Li et al.，2008），在资本市场上更受欢迎（Francis et al.，2009；Boubakri et al.，2012），更容易摆脱财务困境（Faccio et al.，2006）。Chan（2012）检验中国的政治连带与财务约束之间的关系，发现具有政治连带的企业更少受到财务约束。Chen和Chen（2012）提出企业通过派出或接受董事与外界建立社会网络，是企业对外联系与获取外部资源的重要途径。企业可以凭借连锁董事网络对企业资源进行调配和整合，获取更多信息和商业机会，对企业的投资决策产生重要影响（Silva et al.，2006；Biddle et al.，2009；Billettet al.，2011）。企业高管具有银行背景可以获得更多银行借款（Burak et al.，2008；Ciamarra，2012；Lu et al.，2012）。可见，企业与外界建立社会网络，是获取外部资源摆脱财务困境的重要通道。

在我国关系主导型社会中，企业的社会连带关系是企业进行外部活动的重要联络窗口，而中国的信贷市场在很大程度上由企业的社会连带关系驱动，忽略CEO的社会连带的影响得到的研究结论可能不准确甚至是误导性的。企业具有的社会连带有助于给企业带来所需的财务资源或者信息资源，对财务柔性在负债融资决策中的作用和影响进行调节，进而影响企业的负债

融资行为。当企业具有较高社会连带时，企业的信息优势以及融资条件更为便利，通过建立不同层次的筹资渠道掌控更多的资源，有助于缓解企业的外部融资压力，使决策层更加关注内部的潜在能力对企业价值的影响；当企业财务柔性价值较高时，降低负债水平能够给企业带来更大价值，因而增强了负债融资对财务柔性价值的敏感性。为更好地应对未来的资金需求，预防可能发生的资金风险，企业会倾向于降低当前的负债水平，保留较高的剩余举债能力，社会连带通过其资源优势对财务柔性价值与负债融资决策发挥调节效应。基于此，本章提出以下假设：

假设5-2：其他条件不变，社会连带越高，负债水平与财务柔性价值的敏感性越强。

（三）产权性质、财务柔性价值、社会连带与负债融资

大量研究表明，不同产权性质的企业所受融资约束和信贷政策有很大差异。中国的信贷分配有很强的政府干预的特征，且更偏向于国有企业（Brandt and Li，2003；Huang，2003；Bai et al.，2006；Li et al.，2008；Gordon and Li，2011；Cull et al.，2009，2015）。中国企业普遍面临财务约束，但国有企业和外企面临的约束更少（Chow and Fung，1998，2000；Chen，2008；Héricourt and Poncet，2009；Poncet et al.，2010；Guariglia et al.，2011）。非国有企业相比国有企业面临更大的财务约束，因为缺乏天然的政治连带，以及国有银行占主导体系中存在对非国有企业的信贷歧视（Brandt and Li，2003；Cull et al.，2009）。在这样的环境下，企业进行财务决策行为会受到较大的影响。

不同产权性质的企业具有很大的异质性，财务柔性价值与社会连带对负债融资行为的影响也会存在差异。对于非国有企业而言，由于企业所受外部融资约束压力较大，因而，企业在进行负债融资决策时，会更加谨慎，倾向于采取更加保守的负债决策；当企业具有社会连带时，由于拓宽融资渠道，或提高融资规模，在一定程度上降低了外部融资约束的压力，其所受负债行为约束可能没那么严格。相对于非国有企业，国有企业具有天然的政治关联优势，受到的融资约束压力更小，企业的社会连带对其提高自身的融资能力

发挥的效应有限。而非国有企业所受的融资约束更严重，拥有社会连带关系能够拓宽融资渠道，降低融资约束，从而对企业的负债融资行为会产生更大的影响。因而，非国有负债决策对其财务柔性价值和社会连带更加敏感。因此，本章提出以下假设：

假设5-3：其他条件不变，相对于国有企业而言，社会连带在非国有企业中对财务柔性价值与负债水平决策发挥了更显著的调节效应。

（四）制度环境、财务柔性价值、社会连带与负债融资

企业所处的制度环境会对企业的融资行为产生影响。在缺乏正式制度性支持的情况下，企业通常会通过其社会连带关系寻求非正式制度的支持，以降低运行风险。在正式制度较弱的环境中，企业通常会通过建立外部关系特别是政治关系，以克服市场和政府失灵，减少外部环境带来的风险，提高企业盈利能力。雷光勇等（2009）研究发现，在法治水平较低的地区，上市企业的政治关联有助于提升其企业价值；而在法治水平较高的地区，政治关联对企业价值的影响则不显著。从资源理论的视角来看，企业社会连带中凝结着丰富的社会资本，有助于企业建立不同层次的资源获取渠道，从而形成具有竞争力的业务体系，促进企业成长和价值提升（Granovetter，1985；田利辉、张伟，2013）。在制度环境较好的地区，企业所受外部约束较小，其决策和发展主要依靠企业本身对财务资源的调配与利用，而对外部社会连带依赖较小，企业进行负债决策主要依据自身的融资能力，以财务柔性价值为主导，社会连带对其发挥的作用较小。而在制度环境较差的地区，由于市场化水平和融资环境的约束，企业在进行财务决策行为时更倾向于寻求来自社会连带的非正式制度的资源支持，以改善外部环境对企业发展的外部约束。此时，社会连带对财务柔性价值与负债融资决策的调节效应更强。基于上述分析，本章提出以下假设：

假设5-4：其他条件不变，相对于制度环境好的地区，在制度环境差的地区，社会连带对财务柔性价值与负债水平决策发挥了更强的调节效应。

第三节 研究设计

（一）样本选择与数据来源

本章以2009—2014年在沪深主板市场上市的A股企业为研究样本，由于解释变量均采用滞后一期，且计算财务柔性价值指标时也用到滞后一期数据，所以本章实际使用的数据涵盖2007—2014年。样本经过以下程序的筛选：剔除性质特殊的金融类企业，剔除数据缺失的企业，最后得到9548个企业年度观测值。此外，为消除极端值对分析结果造成的偏差，对连续性变量进行1%和99%水平的缩尾处理。本章所使用的财务数据主要来源于CSMAR和CCER数据库，社会连带通过企业年度财务报告中高管简历进行手工整理，以及通过新浪网、金融界等网站进行补充。数据处理采用Stata12.0和Excel 2013。

（二）模型选择与变量定义

为了检验以上假设，本章以负债水平作为因变量，企业负债分为有息负债和无息负债，无息负债影响负债水平，但不产生融资成本，在一定程度上反映了企业商业模式的差别。为剔除商业模式对企业资本结构的影响，取得更合理的检验效果，采用有息负债的研究数据更“干净”，因此，本章主要采用有息负债（银行借款）进行衡量。本章借鉴Rapp等（2014）的度量方法，对负债水平采用负债市场比率进行衡量，定义为（长期借款+短期借款）÷（长期借款+短期借款+股权市值）。用财务柔性价值作为主要解释变量，构建模型（5-1），以检验财务柔性价值对负债融资决策的影响，主要考察财务柔性价值的回归系数α_1的符号，若模型中的财务柔性价值$VOFF$的系数α_1显著为负，说明财务柔性价值越高，企业越倾向于采取降低负债水平的决策；以负债水平作为因变量，用财务柔性价值和社会连带及二者交互项作为解释变量，构建模型（5-2），以检验财务柔性价值与社会连带对负债融资决策的影响，主要考察交互项的回归系数α_2的显著性水平，若模型中交乘项系数α_2显著，则说明社会连带对财务柔性价值与负债融资决策发挥了显著的调节效应。模型（5–1）和模型（5–2）中采用$L_{i,t}$表示负债水平；*VOFF*表示财务柔性价值，即第三章第三节设计的计算指标；*tie*表示社会连带，包括政治连带、商业连带和银行连带。同时，借鉴Frank和Goyal（2009）的做法，加入了托宾Q、总资产收益率、企业规模、有形资产比，以及年度和行业等控制变量（变量定义见表5–1）。为降低内生性问题，模型中的解释变量和控制变量均采用滞后一期进行控制。

$$L_{i,t}=\alpha_0+\alpha_1 VOFF_{i,t-1}+\alpha_2 TOBIN_{i,t-1}+\alpha_3 Tang_{i,t-1}+\alpha_4 MLEV_{i,t-1}+\alpha_5 ROA_{i,t-1}+\alpha_6 SIZE_{i,t-1}+\sum year+\sum IND+\varepsilon_{i,t} \quad (5\text{–}1)$$

$$L_{i,t}=\alpha_0+\alpha_1 VOFF_{i,t-1}+\alpha_2 VOFF_{i,t-1}\times tie_{i,t-1}+\alpha_3 tie_{i,t-1}+\alpha_4 TOBIN_{i,t-1}+\alpha_5 Tang_{i,t-1}+\alpha_6 MLEV_{i,t-1}+\alpha_7 ROA_{i,t-1}+\alpha_8 SIZE_{i,t-1}+\sum year+\sum IND+\varepsilon_{i,t} \quad (5\text{–}2)$$

模型中变量定义及度量方法见表5–1。

表5–1　变量定义及度量方法

变量类型	变量名称	变量代码	度量方法
被解释变量	负债市场比率	*L*	（长期借款＋短期借款）÷（长期借款＋短期借款＋股权市值）
解释变量	财务柔性价值	*VOFF*	详见第三章第三节财务柔性价值的计算方法
	社会连带	*tie*	高于中位数取值为1，否则为0
分类变量	产权性质	*SOE*	按实际控制人性质设置虚拟变量，国有企业取1，非国有企业取0
	制度环境	*INST*	所在地区的市场化指数高于中位数为好，否则为差
控制变量	托宾Q	*TOBIN*	（流通股市值＋非流通股账面价值＋负债账面价值）÷ 资产账面价值
	有形资产比	*Tang*	固定资产 ÷ 年末总资产
	行业财务杠杆	*MLEV*	资产负债率的行业均值
	总资产收益率	*ROA*	净利润 ÷ 年末总资产
	企业规模	*SIZE*	年末总资产取自然对数
	年度	*year*	年度哑变量
	行业	*IND*	行业哑变量

第四节　实证结果及相关分析

（一）描述性统计与相关性分析

表5-2报告了主要变量的描述性统计。从中可以发现，负债市场比率*L*的均值为0.182，标准差为0.189，最小为0，最大值为0.741，表明不同企业之间负债比率相差较大；财务柔性价值*VOFF*均值为1.022，标准差为0.319，最小值为-0.138，最大值为1.813，说明不同企业的财务柔性价值之间存在较大差异。社会连带*tie*均值为0.339，标准差为0.473，最小值0，最大值1，表明不同企业的社会连带差距较大。企业的托宾Q均值为1.871，最小值0.217，最大值9.476，表明企业之间差异较大。有形资产比均值0.193，最小值0，最大值0.714，表明不同企业之间固定资产占总资产比重有很大不同。行业财务杠杆均值为0.460，标准差0.105。总资产收益率*ROA*均值0.044，最小值-0.166，最大值0.227，表明不同企业之间的绩效存在很大差异，经营情况良莠不齐。

表5-2　关键变量的描述性统计

变量名	观测值	均值	中位数	标准差	最小值	最大值
L	9548	0.182	0.122	0.189	0	0.741
VOFF	9548	1.022	0.992	0.319	-0.138	1.813
tie	9548	0.339	0	0.473	0	1
TOBIN	9548	1.871	1.428	1.601	0.217	9.476
Tang	9548	0.193	0.157	0.184	0	0.714
MLEV	9548	0.460	0.425	0.105	0.145	0.727
ROA	9548	0.044	0.039	0.058	-0.166	0.227
SIZE	9548	21.730	21.610	1.1440	19.300	24.930

表5-3报告了主要变量的Pearson相关性分析。从表5-3可以看出，各个变量的相关系数较小，除个别系数外，各变量相关系数均小于0.5，表明变量之间不存在严重的多重共线性问题。

表5–3　主要变量的Pearson相关性分析

变量	*VOFF*	*tie*	*TOBIN*	*Tang*	*MLEV*	*ROA*	*SIZE*
VOFF	1						
tie	0.179***	1					
TOBIN	–0.114***	0.082***	1				
Tang	0.787***	0.245***	–0.078***	1			
MLEV	0.030***	0.189***	–0.197***	0.084***	1		
ROA	–0.338***	–0.044***	0.320***	–0.122***	–0.112***	1	
SIZE	–0.042***	–0.080***	–0.498***	0.0110	0.218***	0.060***	1

注：*** 表示在 1% 水平上显著。

（二）财务柔性价值与负债融资

表5–4报告了模型（5–1）的回归结果。为降低模型的内生性，对回归模型中的解释变量和控制变量均采用滞后一期。

表5–4　财务柔性价值与负债融资

因变量	*L*
$VOFF_{i,t-1}$	–0.125*** （–13.77）
$TOBIN_{i,t-1}$	–0.018*** （–15.04）
$Tang_{i,t-1}$	0.275*** （16.77）
$MLEV_{i,t-1}$	0.176*** （6.69）
$ROA_{i,t-1}$	–0.836*** （–28.96）
$SIZE_{i,t-1}$	0.065*** （37.91）
_cons	–1.204*** （–30.42）
年度 / 行业	控制
N	9548

续表

因变量	*L*
adj. R-sq	0.4600

注：括号中为t值；*** 表示在1%水平上显著（双尾）。

从表5-4的回归结果整体来看，解释变量均在1%水平上显著，模型（5-1）的拟合度为46%，表明模型具有较高的解释力度。从表5-4财务柔性价值与负债融资的回归结果来看，财务柔性价值与负债市场比率的回归系数为-0.125，在1%的水平显著，表明企业的财务柔性价值越大，越倾向于降低企业的负债市场比率；企业的财务柔性价值每提高1单位，负债市场比率降低0.125。原因在于财务柔性价值高的企业降低了目前的负债水平，是为未来保留举债能力，来应对将来不确定性事件所发生的未预期支出，有助于提升企业价值，从而对假设5-1提供了经验证据的支持。

从控制变量来看，企业的成长机会*TOBIN*与负债决策的回归系数在1%水平上显著为负，表明企业的成长机会越大，企业越愿意降低目前的负债水平。有形资产比*Tang*与企业的负债决策的回归系数在1%水平上显著为正，表明企业的有形资产占比越大，企业的负债水平越高。原因可能在于企业的有形资产比重越大，一方面，抵押借款可获得的借款越多；另一方面，在出售资产时可获取的资金就越多，从而在一定程度上缓解了资金压力，放松了企业负债水平的严格控制标准。企业的盈利水平与负债决策的回归系数在1%水平上显著为负，表明企业的盈利性越好，内部创造现金流能力越强，企业的负债水平越低。企业规模与企业负债决策的相关系数在1%水平上显著为正，表明企业规模大，企业的负债水平相对越高。

（三）财务柔性价值、社会连带与负债融资

表5-5　财务柔性价值、社会连带与负债融资

变量	（1）	（2）
$VOFF_{i,t-1}$	-0.125^{***} （-13.76）	-0.117^{***} （-12.01）

续表

变量	（1）	（2）
$VOFF_{i,t-1} \times tie_{i,t-1}$		-0.022^{**} （-2.05）
$tie_{i,t-1}$	0.007^{*} （1.73）	0.030^{**} （2.50）
$TOBIN_{i,t-1}$	-0.018^{***} （-15.06）	-0.018^{***} （-15.04）
$Tang_{i,t-1}$	0.275^{***} （16.79）	0.276^{***} （16.81）
$MLEV_{i,t-1}$	0.172^{***} （6.55）	0.178^{***} （6.74）
$ROA_{i,t-1}$	-0.834^{***} （-28.88）	-0.837^{***} （-28.94）
$SIZE_{i,t-1}$	0.065^{***} （37.91）	0.065^{***} （37.90）
_cons	-1.206^{***} （-30.44）	-1.214^{***} （-30.49）
年度/行业	控制	控制
N	9548	9548
adj. R-sq	0.4601	0.4604

注：括号中为t值；***、**、*分别表示在1%、5%、10%水平上显著（双尾）。

表5-5报告了模型（5-2）财务柔性价值、社会连带与负债融资的回归结果。从回归结果整体来看，解释变量均显著，模型（5-2）的拟合度为46.04%，表明模型具有较高的解释力度。第（1）列是财务柔性价值与社会连带对负债市场比率的回归结果，第（2）列是在第（1）列的基础上加入财务柔性价值与社会连带的交互项对负债市场比率的回归结果。从表5-5的回归结果来看，第（2）列财务柔性价值与社会连带的交互项系数在5%的水平上显著为负，表明社会连带对财务柔性价值与企业负债决策发挥了显著的调节效应，社会连带越高，负债水平与财务柔性价值的敏感性越强，财务柔性价值与社会连带越高，企业越倾向于降低负债水平，从而验证了假设5-2。原因可能在于，企业社会连带更高，有助于企业建立多层次的筹资渠道，缓

解企业的融资压力，因此，企业更加重视分析内部的潜在能力，当企业财务柔性价值越高，降低负债水平可以给企业带来更大的价值，企业越倾向于做出降低负债水平的决策行为。

（四）财务柔性价值、社会连带与负债融资：基于产权性质

为了进一步分析财务柔性价值、社会连带对不同产权性质企业负债融资决策的影响，表5–6列示了按照产权性质分组检验的结果。从回归结果整体来看，模型（5–2）的拟合度在非国有企业样本中为38.85%，在国有企业样本中为50.92%，表明模型具有较高的解释力度。

从表5–6的回归结果具体来看，可以发现，财务柔性价值对企业负债市场比率的回归系数显著为负，均在1%的水平上显著，表明不论国有企业还是非国有企业，财务柔性价值高的企业都倾向于采取更低的负债比率策略。社会连带的回归系数只在非国有企业样本中显著，且均在10%水平显著为正，而在国有企业样本中不显著，表明相比国有企业，在非国有企业样本中，社会连带水平高的企业会提高负债比率。财务柔性价值与社会连带的交互项系数在非国有企业样本中显著为负，在国有企业样本中不显著，表明在非国有企业样本中，社会连带对财务柔性价值与负债融资发挥了显著的调节效应，从而支持了假设5–3。原因可能在于，非国有企业相比国有企业受到的融资约束更大，因而社会连带对财务柔性价值与企业决策的影响更大，发挥了显著的调节效应；而国有企业本身更易获取银行的信贷支持，因而对社会连带的影响更不敏感，社会连带对财务柔性价值与负债融资决策没有显著的调节效应。

表5–6 财务柔性价值、社会连带与负债融资：基于产权性质

变量	非国有企业		国有企业	
	（1）	（2）	（3）	（4）
$VOFF_{i,t-1}$	-0.107^{***} （−10.85）	-0.092^{***} （−8.69）	-0.139^{***} （−12.48）	-0.134^{***} （−10.80）
$VOFF_{i,t-1} \times tie_{i,t-1}$		-0.049^{***} （−3.71）		−0.012 （−0.86）

续表

变量	非国有企业		国有企业	
	（1）	（2）	（3）	（4）
$tie_{i,t-1}$	0.009^{*} （1.95）	0.057^{***} （4.16）	0.005 （0.76）	0.017 （1.09）
$TOBIN_{i,t-1}$	-0.016^{***} （-11.90）	-0.016^{***} （-11.90）	-0.026^{***} （-12.43）	-0.026^{***} （-12.44）
$Tang_{i,t-1}$	0.234^{***} （11.83）	0.242^{***} （12.16）	0.303^{***} （14.98）	0.302^{***} （14.94）
$MLEV_{i,t-1}$	0.086^{**} （2.51）	0.093^{***} （2.70）	0.182^{***} （4.69）	0.185^{***} （4.74）
$ROA_{i,t-1}$	-0.616^{***} （-17.48）	-0.620^{***} （-17.60）	-1.084^{***} （-24.27）	-1.087^{***} （-24.27）
$SIZE_{i,t-1}$	0.058^{***} （27.45）	0.058^{***} （27.46）	0.072^{***} （31.86）	0.072^{***} （31.86）
_cons	-1.038^{***} （-20.95）	-1.053^{***} （-21.20）	-1.336^{***} （-24.42）	-1.341^{***} （-24.34）
年度 / 行业	控制	控制	控制	控制
N	5109	5109	4439	4439
adj. R-sq	0.3870	0.3885	0.5092	0.5092

注：括号中为 t 值；***、**、* 分别表示在 1%、5%、10% 水平上显著（双尾）。

（五）财务柔性价值、社会连带与负债融资：基于制度环境

为了进一步分析财务柔性价值、社会连带对不同制度环境下企业负债融资决策的影响，表5-7列示了按照制度环境中位数分组检验的结果。从回归结果整体来看，模型（5-2）的拟合度在制度环境较差地区样本中为48.75%，在制度环境较好地区样本中为42.97%，表明模型具有较高的解释力度。

从表5-7的回归结果可以发现，财务柔性价值对企业负债市场比率的回归系数显著为负，且均在1%水平显著，表明无论是在制度环境好的地区，还是在制度环境差的地区，财务柔性价值高的企业都倾向于采取更低的负债比率策略。财务柔性价值与社会连带的交互项系数在制度环境差的地区显著为负，说明社会连带对财务柔性价值与负债融资决策发挥了显著的调节效

应；在制度环境好的地区为负但不显著，说明相对于制度环境好的地区，处于制度环境差的地区的企业负债融资决策对财务柔性价值和社会连带具有更强的敏感性，社会连带对其发挥了更强的调节效应。原因可能在于，制度环境好的地区企业筹集资金的渠道更广，规模更大，所受的外部融资约束相对较小，在负债融资决策中对财务柔性价值和社会连带的依赖较小，而制度环境差的地区则相反，因此，在进行负债融资决策时，会更多考虑财务柔性价值和社会连带对负债融资的影响，社会连带对财务柔性价值与负债融资行为发挥显著调节效应，从而对假设5–4提供了经验证据的支持。

表5–7　财务柔性价值、社会连带与负债融资：基于制度环境

变量	制度环境差的地区		制度环境好的地区	
	（1）	（2）	（3）	（4）
$VOFF_{i,t-1}$	−0.126***	−0.118***	−0.120***	−0.116***
	（−12.65）	（−10.93）	（−10.59）	（−9.25）
$VOFF_{i,t-1} \times tie_{i,t-1}$		−0.024*		−0.011
		（−1.88）		（−0.79）
$tie_{i,t-1}$	0.004	0.029**	0.011**	0.022
	（0.68）	（2.00）	（2.16）	（1.51）
$TOBIN_{i,t-1}$	−0.018***	−0.018***	−0.017***	−0.017***
	（−11.50）	（−11.49）	（−9.55）	（−9.57）
$Tang_{i,t-1}$	0.295***	0.296***	0.223***	0.223***
	（15.65）	（15.70）	（10.46）	（10.47）
$MLEV_{i,t-1}$	0.151***	0.157***	0.195***	0.198***
	（4.11）	（4.25）	（5.96）	（6.01）
$ROA_{i,t-1}$	−0.830***	−0.834***	−0.842***	−0.843***
	（−22.91）	（−22.99）	（−18.60）	（−18.61）
$SIZE_{i,t-1}$	0.073***	0.073***	0.054***	0.054***
	（35.55）	（35.56）	（24.41）	（24.39）
_cons	−1.333***	−1.344***	−0.915***	−0.919***
	（−27.17）	（−27.19）	（−16.15）	（−16.14）
年度 / 行业	控制	控制	控制	控制
N	5268	5268	4280	4280
adj. R–sq	0.4872	0.4875	0.4298	0.4297

注：括号中为t值；***、**、* 分别表示在1%、5%、10% 水平上显著（双尾）。

第五节 稳健性检验

为了进一步验证假设的成立，基于Gamba 和Triantis（2008）的理论基础，并与Rapp等（2014）研究保持一致性和对比性，本章采用第三章第三节中设计的下列财务柔性价值的计算模型作为财务柔性价值的替代指标，进行稳健性检验，其他控制变量保持不变。

$$VOFF_{i,t}=0.8366016-0.3079325\times SGR_{i,t}-3.243003\times \frac{\Delta E_{i,t}}{M_{i,t-1}}-0.4998316\times T_{i,t}-0.8525402\times Speread_{i,t}+1.344578\times Tang_{i,t} \quad (5\text{-}3)$$

从回归结果整体来看，与前文结果保持高度一致。表5-8中财务柔性价值的回归系数显著为负，假设5-1进一步得到验证；财务柔性价值与社会连带的交互项系数在1%水平上显著为负，假设5-2进一步得到经验支持。表5-9和表5-10是分别基于产权性质和制度环境的分组检验结果，从回归结果来看，与前文结果保持一致，假设5-3和假设5-4进一步得到验证和支持。

表5-8报告了模型（5-1）和模型（5-2）采用OLS回归的实证结果，从表5-8的财务柔性价值与负债融资的回归结果来看，财务柔性价值与负债融资的回归系数为-0.088，在1%的水平上显著，表明企业的财务柔性价值越大，越倾向于降低企业的负债市场比率，从而为假设5-1提供了经验证据的支持。财务柔性价值与社会连带的交互项系数在5%的水平上显著为负，表明社会连带对财务柔性价值与企业负债决策发挥了显著的调节效应，社会连带越高，负债水平与财务柔性价值的敏感性越强，财务柔性价值与社会连带越高，企业越倾向于降低负债水平，从而验证了假设5-2。

表5-8　财务柔性价值、社会连带与负债融资

变量	（1）	（2）	（3）
$VOFF_{i,t-1}$	-0.088^{***} （-10.19）	-0.088^{***} （-10.19）	-0.078^{***} （-8.08）
$VOFF_{i,t-1}\times tie_{i,t-1}$			-0.026^{**} （-2.51）

续表

变量	（1）	（2）	（3）
$tie_{i,t-1}$		0.006 （1.52）	0.030*** （2.89）
$TOBIN_{i,t-1}$	−0.020*** （−17.62）	−0.020*** （−17.63）	−0.020*** （−17.63）
$Tang_{i,t-1}$	0.225*** （14.30）	0.226*** （14.33）	0.225*** （14.32）
$MLEV_{i,t-1}$	0.192*** （7.31）	0.188*** （7.19）	0.195*** （7.42）
$ROA_{i,t-1}$	−0.769*** （−27.79）	−0.768*** （−27.70）	−0.772*** （−27.85）
$SIZE_{i,t-1}$	0.063*** （37.22）	0.063*** （37.22）	0.063*** （37.25）
_cons	−1.216*** （−30.60）	−1.174*** （−29.29）	−1.187*** （−29.33）
年度 / 行业	控制	控制	控制
N	9270	9270	9270
adj. R−sq	0.4705	0.4706	0.4710

注：括号中为 t 值；***、** 分别表示在 1%、5% 水平上显著（双尾）。

进一步分析不同产权性质下财务柔性价值与社会连带对负债融资行为的影响，表5−9列示了按照产权性质分组检验的结果。整体来看，模型（5−2）的拟合度在非国有企业样本中为40.47%，在国有企业样本中为51.51%，表明模型具有较高的解释力度。具体来看，财务柔性价值与社会连带的交互项系数在非国有企业样本中显著为负，在国有企业样本中系数的绝对值和显著性水平均有所下降，表明在非国有企业样本中，社会连带对财务柔性价值与负债决策发挥了更强的调节效应，从而支持了假设5−3。

表5−9　财务柔性价值、社会连带与负债融资：基于产权性质

变量	非国有企业		国有企业	
	（1）	（2）	（3）	（4）
$VOFF_{i,t-1}$	−0.078*** （−7.46）	−0.065*** （−5.74）	−0.097*** （−8.23）	−0.085*** （−6.40）

续表

变量	非国有企业		国有企业	
	（1）	（2）	（3）	（4）
$VOFF_{i,t-1} \times tie_{i,t-1}$		-0.039^{***} （-2.93）		-0.030^{**} （-2.15）
$tie_{i,t-1}$	0.008^{*} （1.72）	0.042^{***} （3.37）	0.004 （0.68）	0.033^{**} （2.23）
$TOBIN_{i,t-1}$	-0.018^{***} （-13.17）	-0.018^{***} （-13.19）	-0.030^{***} （-13.44）	-0.030^{***} （-13.48）
$Tang_{i,t-1}$	0.189^{***} （9.44）	0.194^{***} （9.65）	0.251^{***} （12.12）	0.248^{***} （11.96）
$MLEV_{i,t-1}$	0.118^{***} （3.46）	0.124^{***} （3.63）	0.187^{***} （4.78）	0.195^{***} （4.96）
$ROA_{i,t-1}$	-0.570^{***} （-15.96）	-0.572^{***} （-16.04）	-0.987^{***} （-21.33）	-0.995^{***} （-21.44）
$SIZE_{i,t-1}$	0.056^{***} （26.67）	0.056^{***} （26.67）	0.071^{***} （31.40）	0.072^{***} （31.46）
_cons	-1.031^{***} （-20.86）	-1.043^{***} （-21.05）	-1.358^{***} （-24.66）	-1.356^{***} （-23.70）
年度 / 行业	控制	控制	控制	控制
N	4956	4956	4314	4314
adj. R-sq	0.4038	0.4047	0.5146	0.5151

注：括号中为 t 值；***、**、* 分别表示在 1%、5%、10% 水平上显著（双尾）。

进一步分析财务柔性价值、社会连带对不同制度环境下企业负债融资行为的影响，表5-10列示了按照制度环境中位数分组检验的结果。从回归结果整体来看，模型（5-2）的拟合度在制度环境较差地区样本中为50.31%，在制度环境较好地区样本中为43.84%，表明模型具有较高的解释力度。

具体来看回归结果可以发现，财务柔性价值对企业负债市场比率的回归系数显著为负，且均在1%水平上显著，表明无论是在制度环境好的地区，还是在制度环境差的地区，财务柔性价值高的企业都倾向于采取更低的负债比率策略。财务柔性价值与社会连带的交互项系数在制度环境差的地区显著为负，说明社会连带对财务柔性价值与负债融资行为发挥了显著的调节效应；

在制度环境好的地区为负但不显著，说明相对于制度环境好的地区，处于制度环境差的地区的企业负债融资决策对财务柔性价值和社会连带具有更强的敏感性，社会连带对其发挥了更强的调节效应。原因可能在于，制度环境好的地区企业筹集资金的渠道更广，规模更大，所受的外部融资约束相对较小，在选择负债融资行为时对财务柔性价值和社会连带的依赖较小，而制度环境差的地区则相反，因此，企业在进行负债融资决策时，会更多考虑财务柔性价值和社会连带对财务决策行为的影响，社会连带对财务柔性价值与负债融资决策发挥调节效应，从而进一步对假设5–4提供了经验证据的支持。

表5–10 财务柔性价值、社会连带与负债融资：基于制度环境

变量	制度环境差的地区		制度环境好的地区	
	（1）	（2）	（3）	（4）
$VOFF_{i,t-1}$	–0.075*** （–7.00）	–0.065*** （–5.51）	–0.110*** （–9.31）	–0.105*** （–8.02）
$VOFF_{i,t-1} \times tie_{i,t-1}$		–0.029** （–2.26）		–0.011 （–0.78）
$tie_{i,t-1}$	–0.001 （–0.13）	0.027** （2.00）	0.014*** （2.66）	0.024* （1.76）
$TOBIN_{i,t-1}$	–0.021*** （–13.23）	–0.021*** （–13.20）	–0.018*** （–9.69）	–0.018*** （–9.70）
$Tang_{i,t-1}$	0.227*** （11.77）	0.227*** （11.77）	0.214*** （9.87）	0.214*** （9.86）
$MLEV_{i,t-1}$	0.180*** （4.88）	0.187*** （5.04）	0.202*** （6.17）	0.205*** （6.22）
$ROA_{i,t-1}$	–0.755*** （–20.44）	–0.762*** （–20.56）	–0.803*** （–17.19）	–0.803*** （–17.20）
$SIZE_{i,t-1}$	0.072*** （35.47）	0.072*** （35.52）	0.052*** （23.30）	0.052*** （23.29）
_cons	–1.412*** （–29.36）	–1.425*** （–29.43）	–0.889*** （–15.62）	–0.894*** （–15.60）
年度 / 行业	控制	控制	控制	控制
N	5091	5091	4179	4179
adj. R–sq	0.5027	0.5031	0.4384	0.4384

注：括号中为 t 值；***、**、* 分别表示在 1%、5%、10% 水平上显著（双尾）。

第六节 本章小结

本章从负债融资决策的角度出发，研究财务柔性价值对负债融资行为的影响，财务柔性价值与社会连带对企业负债融资行为的影响，不同产权性质的企业财务柔性价值与社会连带对负债融资行为影响的差异，以及不同制度环境下企业财务柔性价值与社会连带对负债融资决策行为影响的差异。

在理论分析的基础上，提出了以下假设：①财务柔性价值高的企业倾向于降低企业的负债水平。②社会连带越高，负债水平与财务柔性价值的敏感性越强。③相对于国有企业而言，社会连带在非国有企业中对财务柔性价值与负债水平决策发挥了更显著的调节效应。④相对于制度环境好的地区，在制度环境差的地区，社会连带对财务柔性价值与负债水平决策发挥了更强的调节效应。为验证以上研究假说，本章采用我国A股上市企业2009—2014年的相关数据进行检验，研究结果表明：

（1）财务柔性价值与企业负债融资行为呈显著负相关关系，即财务柔性价值高的企业倾向于降低企业的负债水平。

（2）从财务柔性价值、社会连带与负债融资行为的回归结果分析来看，社会连带与财务柔性价值的交互项系数显著为负，表明社会连带对财务柔性价值与负债融资发挥显著的调节效应。

（3）考虑到产权性质和制度环境会对企业的融资行为产生影响，分别进行分组检验后发现，社会连带在非国有企业中对财务柔性价值与负债融资行为发挥了更强的调节效应。相对于制度环境好的地区，在制度环境差的地区企业负债决策更为依赖社会连带的强度，社会连带对财务柔性价值与负债融资行为发挥了显著的调节效应。

第六章　财务柔性价值、社会连带与股利支付

本章在股利政策相关理论基础上，探讨财务柔性价值对股利支付行为的影响，并基于我国特殊的制度背景，分析社会连带对财务柔性价值与股利支付的调节效应，并进一步分析财务柔性价值与社会连带对不同产权性质与处于不同制度环境下的企业股利支付行为影响效应的差异。本章的内容安排如下：第一节阐述研究背景并提出本章的研究问题；第二节在对相关研究文献进行回顾和评述的基础上，提出研究假设；第三节为研究设计，包括样本选择、数据来源、模型选择和变量定义；第四节实证分析财务柔性价值对股利支付的影响，以及社会连带对二者的调节效应，进一步地，在区分不同产权性质与制度环境的情况下，分析该调节效应是否存在差异；第五节进行稳健性检验；第六节对本章研究进行总结。

第一节　研究背景与研究问题的提出

股利支付是投资者对企业进行投资取得回报的一种方式，与投资者利益密切相关，可以说，股利支付是调节企业和投资者之间关系的一种手段。学者们在研究股利政策问题时提出了多个股利理论，包括MM理论、税差理论、信号传递理论、代理成本理论与股利迎合理论等。1961年，股利政策的理论先驱Miller和Modigliani提出著名的股利无关论，认为在没有税收的

完美市场条件下，股利政策和企业股价没有关系，但是其非常严格的理论假设与现实不符，后续学者在相继放宽假设条件后发展出不同的股利理论。从信息不对称的角度出发，管理者作为内部人员比外部投资者拥有更大的信息优势，股利被认为是内部管理者向外界传递内部信息的手段。Jensen和Meckling在1976年提出的股利代理成本理论，被认为是现代股利理论中的主流观点，在股利分配和股利支付方式上发挥了较强的解释能力。股利迎合理论则认为管理层为了实现企业价值最大化，通常迎合投资者的偏好来制定股利分配政策。

企业在制定股利支付政策时会考虑多种因素的影响，如法律因素、契约性约束、企业因素和股东因素。为保护股东和债权人利益，鼓励上市企业发放股利，我国证监会多次出台相应政策，对上市企业股利发放行为做出规定。在这种半强制分红政策的背景下，政策变化造成的融资约束可能会影响到企业的财务柔性，进而对企业股利政策产生影响。外在约束条件如长期债务合同通常会对企业发放股利有一定限制，而且企业发放股利必须有足够的现金流，否则发放的现金股利也会受限。当企业产生的现金流比较充裕且超出经营需求时，就面临着财务抉择，是将多余的现金流以股利形式发放给股东，还是将现金储备起来以满足未来的资金需求。Almeida等（2004）研究发现当企业外部融资成本较高时，会倾向于选择储备现金流，而非发放给股东。Lie（2005）发现增加股利支付的企业通常财务柔性较高，筹资成本较低，不会因支付股利而缺乏资金或放弃投资机会。Bulan等（2007）指出取消股利支付的企业通常具备经营业绩差、财务柔性低、投资和风险增加的特征。同时，出于对财务柔性的考虑，企业还会在股利支付的形式上表现出选择性偏好，Jagannathan等（2000）、Mura和Marchica（2007）的研究发现企业更可能采取股票回购而不是分配股利以保持财务柔性。Oded（2008）研究发现管理层采用股票回购的支付形式有助于企业保持财务柔性，抓住更多投资机会。股利支付政策是对利用股利消除代理成本和保持财务柔性的平衡。因此，财务柔性与股利支付之间的影响关系和作用机理需要进一步厘清。

第二节 理论分析及假设的提出

(一)财务柔性价值与股利支付

一般而言，企业倾向于支付稳定的和增长的股利，以传递企业盈利的正向信号。股利减少甚至中断通常是出于无奈之举，因为这将给企业带来市场业绩急剧下滑的恶果(Michaely et al.,1995; Brav et al.,2005)。Brav 等(2005)对财务经理的调查问卷显示，九成以上的被调查对象认为削减股利是对企业影响非常严重的行为。由于股利政策具有一定的黏性，企业通常情况下不愿意减少股利支付，因此，发放现金股利的企业多半是比较稳定且相对成熟的企业(Fama and French，2002; DeAngelo et al.，2006; Denis and Osobov，2008)。然而，对于财务柔性价值高的企业而言，其内部积累资金的能力可能比稳定的股利发放对于股东来说更为重要，所以，这类企业的股东更可能同意股利少发甚至不发。王志强、张玮婷(2012)研究发现，在中国特有的半强制分红背景下，财务柔性价值是影响企业股利行为的关键因素。Rapp 等(2014)通过大样本研究发现，财务柔性价值是企业股利支付政策的重要决定因素，财务柔性价值高的企业倾向于少发甚至不发放股利。

企业选择股利政策时需要权衡收益和成本。一方面，企业对股东分配股利传递了企业较好的盈利前景。不分配股利可能被认为管理者用以增加自己的财富，对于所有者来说相当于增加了成本。因此，分配股利可能有助于减少股权代理冲突(Jensen，1986)。然而，Faulkender 和 Wang(2006)发现支付股利的企业现金的边际价值更低。当未来经营现金流减少导致内部融资受限时，保持良好的财务柔性可以满足新的资金需求，因此，财务柔性可以降低投资对现金流的敏感性(Arslan et al.，2008)。另一方面，分配股利降低了企业面对未来投资机会时的内部资金储备，造成企业对外部融资资金的依赖，这需要付出一定的资金成本和时间成本。因此，Myers 和 Majluf(1984)认为一定程度的财务松弛度对企业而言是有价值的。可见，财务柔性是影响企业进行股利分配决策的重要因素，当企业财务柔性价值较高时，提高财务柔性能为企业带来更大的价值，为更好地满足企业未来资金支出的需要，企业更倾向于储备资金，而减少现金股利的发放。因此，本章提出以下假设：

假设6–1：其他条件不变，财务柔性价值高的企业更倾向于不支付股利。

（二）财务柔性价值、社会连带与股利支付

在融资约束比较典型的新兴市场国家，如何分配股利以平衡投资者利益与企业发展的资金需要是财务行为研究中的重要问题，如果企业成长机会大，内部资金需求大，发放现金股利将减少企业的自由现金流，影响企业的投资与发展。Oded（2012）通过分析认为股利支付造成企业现金流出，有可能因此导致未来经营过程中投资不足问题。

Cull等（2015）采用大样本对中国企业的政治连带与财务约束的关系进行研究，从中发现政治连带的企业更少受到财务约束，比如投资更少地依赖于内部现金流，而外部融资约束更高的企业的投资对内部现金流的敏感性也更高。Burris（2005）认为，高管的商业连带网络促进了其对经济、政治和社会活动等的协调和资源优化。Chen和Chen（2012）提出企业通过派出或接受董事与外界建立社会网络，是企业对外联系与获取外部资源的重要途径。Ciamarra（2012）发现董事具有银行工作背景的企业，除了可以获得更多银行借款，融资成本也明显更低。唐建新等（2011）的研究表明，民营企业中总经理或董事有银行背景的企业能够获取更多银行借款。可见，企业的社会连带关系对企业融资环境和财务柔性带来影响，当企业具有社会连带关系或者社会连带程度较高时，企业更容易打通外部融资渠道，从而获取更多融资，缓解企业内部现金流的压力，调节财务柔性价值对股利政策的影响，有助于股利政策的持续实施，对财务柔性价值与股利支付起到调节效应。基于此，本章提出以下假设：

假设6–2：其他条件不变，社会连带越强，股利支付与财务柔性价值的敏感性越低。

（三）产权性质、财务柔性价值、社会连带与股利支付

从代理理论的视角来看，股利政策反映了内部管理者与外部股东之间的

代理问题。管理层与股东的利益函数不同，可能会导致管理者的自利行为，而使股东利益受损。股利支付有助于降低代理成本，原因在于股利支付减少企业内部的自由现金流，迫使管理者为了满足资金需求而对外融资，从而受到资本市场的监督，在一定程度上抑制管理者的过度投资，并减少其自利消费行为（Jensen，1986）。吕长江和周县华（2005）的研究结果表明，关于股利分配的降低代理成本假说和利益侵占假说均发挥了不同程度的作用，上市企业的控股股东属于集团控股的，发放现金股利可以降低企业的代理成本。魏明海和柳建华（2007）的研究发现，国有上市企业的现金股利政策可以抑制企业过度投资，从而降低企业的代理成本。杨汉明等（2013）对国企分红进行研究发现，国有企业分红与企业价值显著正相关，说明国企分红有助于降低代理成本，提升企业价值。国有企业的代理问题比非国有企业更为严重，而社会连带带来的资源上的便利可能加重管理层的自利行为，造成更为严重的代理问题。为了缓解代理冲突，降低代理成本，国有企业更有动机将多余的现金流进行股利支付。因此，本章提出以下假设：

假设6-3：其他条件不变，相对于非国有企业，国有企业中社会连带对财务柔性价值与股利支付行为发挥更显著的调节效应。

（四）制度环境、财务柔性价值、社会连带与股利支付

企业所处的制度环境对企业发展和决策产生重要影响。在制度环境较弱的情况下，企业通常会通过其社会连带关系寻求非正式制度的支持，来弥补市场环境带来的不利影响。从资源理论的视角来看，企业社会连带中凝结着丰富的社会资本，有助于企业建立不同层次的资源获取渠道，从而形成具有竞争力的业务体系，促进企业成长和价值提升（Granovetter，1985；田利辉、张伟，2013）。陈倩倩、尹义华（2014）研究发现制度环境会影响企业对社会资本的依赖程度，在制度环境较差时，企业对社会资本的依赖较强，随着制度环境的完善，依赖性会有所减弱。在制度环境较好的地区，企业所受外部约束较小，其决策和发展主要依靠企业本身对财务资源的调配与利用，而对外部社会连带依赖较少，企业进行决策主要依据自身的融资能力，以财务柔性为主导，社会连带对其发挥的影响较小。张玮婷、王志强（2015）从财

务柔性价值角度检验地域因素对股利政策的影响，并认为地域因素影响企业外部融资约束，进而影响财务柔性边际价值，最终实现对企业股利政策的影响。在制度环境较差的地区，由于市场化水平和融资环境的约束，企业在进行财务决策行为时更倾向寻求来自社会连带的非正式制度的资源支持，以减少外部环境对企业发展的外部约束。此时，社会连带对财务柔性价值与股利支付的调节效应更强。基于上述分析，本章提出以下假设：

假设6-4：其他条件不变，相对于制度环境好的地区，制度环境差的地区企业社会连带对财务柔性价值与股利支付发挥更显著的调节效应。

第三节　研究设计

（一）样本选择与数据来源

本章以2008—2014年在沪深主板市场上市的A股企业为研究样本，由于计算财务柔性价值指标用到滞后一期数据，所以本章实际使用的数据涵盖2007—2014年。样本经过以下程序的筛选：剔除性质特殊的金融类企业，剔除数据缺失的企业，最后得到12083个观测值。此外，为消除极端值对分析结果造成的偏差，对连续性变量进行1%和99%水平的缩尾处理。本章所使用的财务数据主要来源于CSMAR和CCER数据库，社会连带通过企业年度财务报告中高管简历进行手工整理，以及通过新浪网、金融界等网站进行补充。数据处理采用Stata12.0和Excel 2013。

（二）模型选择与变量定义

为了检验以上假设，本章以股利支付作为因变量，用财务柔性价值作为解释变量，构建模型（6-1），以检验财务柔性价值对股利支付行为的影响，主要考察财务柔性价值的回归系数α_1的符号，若模型中的财务柔性价值$VOFF$的系数α_1显著为负，说明财务柔性价值越高，企业越倾向于采取不支付股利的决策；以股利支付作为因变量，用财务柔性价值和社会连带及二者交互项作为解释变量，构建模型（6–2），以检验财务柔性价值和社会连带对股利支付行为的影响，主要考察交互项的回归系数α_2的显著性水平，若模型中交互项系数α_2显著，则说明社会连带对财务柔性价值与股利支付发挥了显著的调节效应。模型（6–1）和模型（6–2）中$PayerD_{i,t}$表示股利支付，设置虚拟变量，企业发放股利赋值为1，否则为0，采用Logit回归方法。*VOFF*表示财务柔性价值，*tie*表示社会连带，同时，加入了一些控制变量，包括总资产收益率、留存收益率、股东权益比、现金比率、销售收入增长率、企业规模，以及年度和行业等变量。模型中变量定义及度量方法见表6–1。

$$PayerD_{i,t}=\alpha_0+\alpha_1 VOFF_{i,t}+\alpha_2 ROA_{i,t}+\alpha_3 RE_{i,t}+\alpha_4 TE_{i,t}+\alpha_5 C_{i,t}+\alpha_6 SGR_{i,t}+\alpha_7 SIZE_{i,t}+\sum year+\sum IND+\varepsilon_{i,t} \quad (6\text{–}1)$$

$$PayerD_{i,t}=\alpha_0+\alpha_1 VOFF_{i,t}+\alpha_2 VOFF_{i,t}\times tie_{i,t}+\alpha_3 tie_{i,t-1}+\alpha_4 TOA_{i,t}+\alpha_5 RE_{i,t}+\alpha_6 TE_{i,t}+\alpha_7 C_{i,t}+\alpha_8 SGR_{i,t}+\alpha_9 SIZE_{i,t}+\sum year+\sum IND+\varepsilon_{i,t} \quad (6\text{–}2)$$

表6–1 变量定义及度量方法

变量类型	变量名称	变量代码	度量方法
被解释变量	股利支付	*PayerD*	虚拟变量，支付股利取值为1，否则为0
解释变量	财务柔性价值	*VOFF*	详见第三章第三节财务柔性的计算方法
	社会连带	*tie*	高于中位数取值为1，否则为0
分类变量	产权性质	*SOE*	按实际控制人性质设置虚拟变量，国有企业取1，非国有企业取0
	制度环境	*INST*	所在地区的市场化指数高于中位数为好，否则为差
控制变量	留存收益率	*RE*	留存收益 ÷ 总资产
	总资产收益率	*ROA*	净利润 ÷ 年末总资产
	企业规模	*SIZE*	年末总资产取自然对数
	现金比率	*C*	（货币资金 + 交易性金融资产）÷ 总资产
	销售收入增长率	*SGR*	（本年末销售收入 – 上年末销售收入）÷ 上年末销售收入
	股东权益比	*TE*	股东权益 ÷ 总资产
	年度	*year*	年度哑变量
	行业	*IND*	行业哑变量

第四节　实证结果及相关分析

（一）描述性统计与相关性分析

表6–2　关键变量的描述性统计

变量名	观测值	均值	中位数	标准差	最小值	最大值
PayerD	12083	0.667	1	0.471	0	1
VOFF	12083	0.978	0.927	0.314	–0.168	1.813
tie	12083	0.313	0	0.464	0	1
ROA	12083	0.043	0.038	0.058	–0.166	0.231
RE	12083	0.117	0.143	0.226	–1.243	0.524
TE	12083	0.543	0.541	0.220	0.004	0.953
C	12083	0.194	0.154	0.143	0.009	0.686
SGR	12083	0.188	0.119	0.455	–0.580	3.021
SIZE	12083	21.760	21.650	1.1560	19.250	24.930

表6–2报告了主要变量的描述性统计，从中可以发现，企业的股利支付比率的均值为0.667，标准差为0.471，最小为0，最大值为1，表明发放股利的企业居多。财务柔性价值*VOFF*均值为0.978，标准差为0.314，最小值为–0.168，最大值为1.813，说明不同企业的财务柔性之间存在较大差异。社会连带*tie*均值为0.313，标准差为0.464，最小值0，最大值1，表明不同企业的社会连带差距较大。资产报酬率*ROA*均值0.043，标准差0.058，最小值–0.166，最大值0.231，表明不同企业之间的会计绩效差异较大。企业的留存收益率均值为0.117，中位数0.143，占资产比重较少。股东权益比均值0.543，标准差0.220，不同企业股东权益占总资产比重有较大差异。现金持有比率均值0.194，最小值0.009，最大值0.686，表明我国企业现金持有比率在不同企业差异明显。企业规模均值21.760，标准差1.156。销售收入增长率均值0.188，最小值–0.580，最大值3.021，表明不同企业的销售增长情况差距较大。

表6–3 主要变量的Pearson相关性分析

变量	PpayerD	VOFF	tie	ROA	RE	TE	C	SGR	SIZE
PayerD	1								
VOFF	–0.148***	1							
tie	–0.121***	0.184***	1						
ROA	0.405***	–0.322***	–0.037***	1					
RE	0.456***	–0.068***	–0.087***	0.451***	1				
TE	0.260***	–0.068***	–0.083***	0.376***	0.458***	1			
C	0.194***	–0.181***	–0.065***	0.294***	0.178***	0.449***	1		
SGR	0.040***	–0.569***	0.014	0.262***	0.009	–0.041***	0.025***	1	
SIZE	0.216***	–0.062***	–0.076***	0.052***	0.236***	–0.406***	–0.214***	0.061***	1

注：*** 表示在1%水平上显著。

表6–3报告了主要变量的Pearson相关性分析。从表6–3可以看出，各个变量的相关系数较小，各变量相关系数大多小于0.5，表明变量之间不存在严重的多重共线性问题。财务柔性价值与股利支付呈显著负相关，表明财务柔性价值越高，企业越倾向于不支付股利，初步验证假设6–1。

（二）财务柔性价值与股利支付

表6–4 财务柔性价值与股利支付

因变量	$PayerD_{i,t}$
$VOFF_{i,t}$	–0.580*** （–6.10）
$ROA_{i,t}$	14.116*** （18.18）
$RE_{i,t}$	8.280*** （25.01）
$TE_{i,t}$	0.737*** （4.17）
$C_{i,t}$	1.858*** （8.56）

续表

因变量	$PayerD_{i,t}$
$SGR_{i,t}$	-0.432*** (-6.44)
$SIZE_{i,t}$	0.569*** (19.58)
_cons	-13.239*** (-18.96)
年度 / 行业	控制
N	12083
pseudo R-sq	0.3234

注：括号中为 z 值；*** 表示在 1% 水平上显著（双尾）。

表6-4报告了模型（6-1）采用Logit回归的实证结果。从财务柔性价值与股利支付的回归结果来看，财务柔性价值的回归系数为-0.580，在1%的水平显著，表明企业的财务柔性价值越大，企业股利支付的概率越小，即企业越倾向于不发放股利。原因可能在于，财务柔性价值越高的企业越倾向于储存当下的内部现金流，对未来资金支出提供支持，预防资金风险，从而减少股利发放，为将来应对不确定性事件所发生的未预期支出进行资金储备。对假设6-1提供了经验证据的支持。

从控制变量来看，企业的资产报酬率*ROA*与股利发放的回归系数显著为正，表明企业经营绩效越好，越倾向于选择发放股利。企业留存收益与股利发放呈显著正相关，表明留存收益越多，越倾向于支付股利。股东权益比与股利支付显著正相关，表明股东权益占比越大，企业越可能选择发放股利。企业现金持有与股利发放的回归系数在1%水平上显著为正，表明现金持有越多，企业越倾向于进行股利发放，原因可能在于，企业现金流充足，融资压力小；另外，持有现金多的企业代理成本高，发放股利可以减少代理成本。销售收入增长率与股利发放回归系数显著为负。企业规模与股利发放呈正相关，在1%水平上显著，表明企业规模越大，股利发放意向越强。

（三）财务柔性价值、社会连带与股利支付

表 6–5　财务柔性价值、社会连带与股利支付

变量	$PayerD_{i,t}$	
	（1）	（2）
$VOFF_{i,t}$	-0.451^{***} （-4.61）	-0.591^{***} （-5.17）
$VOFF_{i,t} \times tie_{i,t}$		0.389^{**} （2.36）
$tie_{i,t}$	-0.309^{***} （-5.77）	-0.710^{***} （-3.99）
$ROA_{i,t}$	14.476^{***} （18.55）	14.572^{***} （18.65）
$RE_{i,t}$	8.236^{***} （24.89）	8.246^{***} （24.91）
$TE_{i,t}$	0.667^{***} （3.76）	0.659^{***} （3.72）
$C_{i,t}$	1.854^{***} （8.53）	1.872^{***} （8.60）
$SGR_{i,t}$	-0.385^{***} （-5.70）	-0.388^{***} （-5.74）
$SIZE_{i,t}$	0.555^{***} （19.02）	0.554^{***} （18.99）
_cons	-12.928^{***} （-18.47）	-12.779^{***} （-18.19）
年度 / 行业	控制	控制
N	12083	12083
pseudo R-sq	0.3255	0.3261

注：括号中为 z 值；***、** 分别表示在 1%、5% 水平上显著（双尾）。

表6–5报告了财务柔性价值、社会连带与股利支付行为的回归结果。具体来看，第（1）列是财务柔性价值与社会连带对股利支付的回归结果，第（2）列是在第（1）列的基础上加入财务柔性价值与社会连带的交互项对股利支付的回归结果。

从表6–5的回归结果来看，第（1）列财务柔性价值对股利支付的回归系数在1%水平上显著为负，表明财务柔性价值越高，企业的股利发放意向越低；社会连带对股利支付的回归系数为负，在1%水平上显著，表明社会连带会降低企业的股利发放意愿。第（2）列财务柔性价值与社会连带的交互项系数为0.389，在5%水平上显著为正，与财务柔性价值的系数相反，表明社会连带反向调节了财务柔性价值对股利支付行为的影响，即缓解了财务柔性价值对股利支付的负向影响，降低了股利支付行为对财务柔性价值的敏感性，从而验证了假设6–2。原因可能在于，企业的社会连带关系可以提高企业的融资能力，影响企业获取资源的能力。当企业具有社会连带关系以及社会连带程度较高时，企业更容易打通外部融资渠道，获取更多外部融资，缓解企业内部现金流的压力，调节财务柔性价值对股利支付的影响，促进企业选择股利支付。

（四）财务柔性价值、社会连带与股利支付：基于产权性质

表6–6 财务柔性价值、社会连带与股利支付：基于产权性质

变量	国有企业		非国有企业	
	（1）	（2）	（3）	（4）
$VOFF_{i,t}$	–0.201 （–1.53）	–0.370** （–2.41）	–0.746*** （–4.73）	–0.876*** （–4.81）
$VOFF_{i,t} \times tie_{i,t}$		0.491** （2.14）		0.356 （1.44）
$tie_{i,t}$	–0.340*** （–4.45）	–0.874*** （–3.35）	–0.238*** （–3.14）	–0.585** （–2.31）
$ROA_{i,t}$	17.818*** （14.65）	17.976*** （14.77）	12.026*** （11.65）	12.064*** （11.69）
$RE_{i,t}$	7.577*** （16.02）	7.597*** （16.04）	9.010*** （19.07）	9.009*** （19.07）
$TE_{i,t}$	0.274 （1.03）	0.260 （0.97）	0.685*** （2.80）	0.686*** （2.81）
$C_{i,t}$	1.399*** （3.86）	1.434*** （3.95）	1.998*** （7.18）	2.012*** （7.22）

续表

变量	国有企业		非国有企业	
	（1）	（2）	（3）	（4）
$SGR_{i,t}$	−0.262*** （−2.75）	−0.254*** （−2.65）	−0.538*** （−5.47）	−0.547*** （−5.56）
$SIZE_{i,t}$	0.628*** （15.48）	0.625*** （15.37）	0.479*** （10.78）	0.481*** （10.80）
_cons	−14.671*** （−14.95）	−14.427*** （−14.60）	−11.005*** （−10.33）	−10.918*** （−10.23）
年度 / 行业	控制	控制	控制	控制
N	5427	5427	6656	6656
pseudo R-sq	0.3213	0.3219	0.3319	0.3325

注：括号中为 z 值；***、** 分别表示在 1%、5% 水平上显著（双尾）。

为了进一步分析财务柔性价值与社会连带对不同产权性质企业股利支付行为的影响，表6-6列示了按照产权性质分组检验的结果，从中可以发现，财务柔性价值对企业股利支付的回归系数基本显著为负，表明不论国有企业还是非国有企业，财务柔性价值高的企业都倾向于采取不发放股利政策。社会连带的回归系数均在1%或5%水平上显著为负，表明不论国有企业还是非国有企业，社会连带高的企业都倾向于采取不发放股利。财务柔性价值与社会连带的交互项系数在国有企业样本中显著为正，在非国有企业样本中系数为正，但不显著，表明在国有企业样本中，社会连带对财务柔性价值与股利支付发挥了显著的调节效应，从而验证了假设6-3。原因可能在于，相比非国有企业，国有企业的代理问题更为严重，支付股利虽然减少了企业内部的自由现金流，但在一定程度上制约了管理者利用现金流进行自利行为的活动，能够起到缓解代理冲突、降低代理成本的效果，因此，决策层更倾向于选择发放股利的财务行为。

（五）财务柔性价值、社会连带与股利支付：基于制度环境

表6-7 财务柔性价值、社会连带与股利支付：基于制度环境

变量	制度环境差的地区		制度环境好的地区	
	（1）	（2）	（3）	（4）
$VOFF_{i,t}$	-0.237^{*} （-1.90）	-0.405^{***} （-2.85）	-0.650^{***} （-4.02）	-0.785^{***} （-4.15）
$VOFF_{i,t} \times tie_{i,t}$		0.516^{**} （2.48）		0.321 （1.36）
$tie_{i,t}$	-0.213^{***} （-2.91）	-0.758^{***} （-3.28）	-0.473^{***} （-5.94）	-0.791^{***} （-3.20）
$ROA_{i,t}$	14.972^{***} （14.69）	15.124^{***} （14.82）	13.630^{***} （11.10）	13.683^{***} （11.15）
$RE_{i,t}$	7.738^{***} （18.14）	7.753^{***} （18.17）	8.740^{***} （16.31）	8.747^{***} （16.31）
$TE_{i,t}$	0.797^{***} （3.26）	0.790^{***} （3.23）	0.549^{**} （2.10）	0.544^{**} （2.08）
$C_{i,t}$	1.303^{***} （4.19）	1.336^{***} （4.29）	2.081^{***} （6.63）	2.092^{***} （6.65）
$SGR_{i,t}$	-0.266^{***} （-3.00）	-0.262^{***} （-2.94）	-0.520^{***} （-4.92）	-0.518^{***} （-4.90）
$SIZE_{i,t}$	0.583^{***} （14.99）	0.581^{***} （14.93）	0.552^{***} （12.14）	0.552^{***} （12.15）
_cons	-13.945^{***} （-14.80）	-13.750^{***} （-14.54）	-12.354^{***} （-11.44）	-12.242^{***} （-11.31）
年度 / 行业	控制	控制	控制	控制
N	6308	6308	5775	5775
pseudo R-sq	0.3318	0.3325	0.3046	0.3049

注：括号中为 z 值；***、**、* 分别表示在 1%、5%、10% 水平上显著（双尾）。

为了进一步分析财务柔性价值与社会连带在不同制度环境下对企业股利支付的影响，表6-7列示了按照制度环境中位数分组检验的结果。从中可以发现，财务柔性价值对企业股利支付的回归系数均显著为负，表明无论是在制度环境好的地区，还是在制度环境差的地区，财务柔性价值高的企业都倾

向于不支付股利。

财务柔性价值与社会连带的交互项系数在制度环境差的地区显著为正，而在制度环境好的地区为正，但不显著。表明相比制度环境好的地区，在制度环境差的地区，社会连带对财务柔性价值与股利支付发挥了显著的调节效应，从而验证了假设6-4。原因在于，制度环境好的地区企业筹集资金的渠道更广，规模更大，所受的外部融资约束相对较小，在股利决策中对财务柔性价值和社会连带的敏感性更低。而制度环境差的地区则相反，企业更依赖社会连带的隐性资源，在进行股利决策时，会更多考虑社会连带的影响。因此，在制度环境差的地区，社会连带对财务柔性价值与股利支付行为发挥了反向调节效应，削弱了财务柔性价值与股利支付决策行为的影响。

第五节　稳健性检验

为了进一步验证假设的成立，基于Gamba 和Triantis（2008）的理论基础，并与Rapp等（2014）研究保持一致性和对比性，本章采用第三章第三节中设计的下列财务柔性价值的计算式子作为财务柔性价值的替代指标进行稳健性检验，其他控制变量保持不变。

$$VOFF_{i,t}=0.8366016-0.3079325\times SGR_{i,t}-3.243003\times \frac{\Delta E_{i,t}}{M_{i,t-1}}-0.4998316\times T_{i,t}-0.8525402\times Spread_{i,t}+1.344578\times Tang_{i,t} \tag{6-3}$$

从回归结果整体来看，基本与前文结果保持一致。表6-8中财务柔性价值的回归系数显著为负，再次验证了假设6-1；财务柔性价值与社会连带的交互项系数显著为正，假设6-2进一步得到验证和支持。表6-9是按照产权性质分组的检验结果，回归结果与前文保持一致，假设6-3进一步得到验证和支持。表6-10是按照制度分组的检验结果，回归结果与前文略有偏差，假设6-4没有得到进一步支持。

表6-8　财务柔性价值、社会连带与股利支付

变量	$PayerD_{i,t}$		
	（1）	（2）	（3）
$VOFF_{i,t}$	-0.562^{***} （-6.44）	-0.443^{***} （-4.93）	-0.582^{***} （-5.34）
$VOFF_{i,t} \times tie_{i,t}$			0.388^{**} （2.26）
$tie_{i,t}$		-0.314^{***} （-5.77）	-0.666^{***} （-4.03）
$ROA_{i,t}$	14.312^{***} （17.57）	14.657^{***} （17.91）	14.708^{***} （17.98）
$RE_{i,t}$	8.393^{***} （24.72）	8.355^{***} （24.63）	8.365^{***} （24.65）
$TE_{i,t}$	0.847^{***} （4.69）	0.766^{***} （4.23）	0.762^{***} （4.20）
$C_{i,t}$	1.824^{***} （8.28）	1.811^{***} （8.21）	1.831^{***} （8.29）
$SGR_{i,t}$	0.188^{**} （2.05）	0.236^{**} （2.56）	0.237^{**} （2.57）
$SIZE_{i,t}$	0.563^{***} （19.02）	0.548^{***} （18.46）	0.546^{***} （18.39）
_cons	-13.340^{***} （-18.89）	-12.981^{***} （-18.32）	-12.832^{***} （-18.04）
年度 / 行业	控制	控制	控制
N	11901	11901	11901
pseudo R-sq	0.3315	0.3337	0.3340

注：括号中为 z 值；***、** 分别表示在 1%、5% 水平上显著（双尾）。

表6-8报告了模型（6-1）和模型（6-2）采用Logit回归的实证结果。从第（1）列财务柔性价值与股利支付行为的回归结果来看，财务柔性价值与股利支付的回归系数为-0.562，在1%的水平上显著为负，表明企业的财务柔性价值越大，企业股利支付的概率越小，即企业越倾向于不发放股利，从而对假设6-1再次提供了经验证据的支持。

第（2）列是财务柔性价值与社会连带对股利支付行为的回归结果，第（3）列是在第（2）列的基础上加入财务柔性价值与社会连带的交互项对股

利支付的回归结果。从回归结果来看，第（3）列财务柔性价值对股利支付的回归系数在1%水平上显著为负，表明财务柔性价值越高，企业的股利发放意向越低；第（3）列下财务柔性价值与社会连带的交互项系数为0.388，在5%水平显著为正，表明社会连带对财务柔性价值与企业股利发放决策产生调节效应，增强了企业的股利发放意向。这表明企业财务柔性价值与社会连带越高，企业越倾向于进行股利支付，再次验证了假设6–2。

表6–9　财务柔性价值、社会连带与股利支付：基于产权性质

变量	国有企业		非国有企业	
	（1）	（2）	（3）	（4）
$VOFF_{i,t}$	–0.317*** （–2.64）	–0.541*** （–3.72）	–0.567*** （–3.93）	–0.601*** （–3.48）
$VOFF_{i,t} \times tie_{i,t}$		0.641*** （2.74）		0.095 （0.36）
$tie_{i,t}$	–0.339*** （–4.38）	–0.953*** （–4.02）	–0.249*** （–3.21）	–0.331 （–1.38）
$ROA_{i,t}$	18.091*** （14.23）	18.236*** （14.35）	12.025*** （11.10）	12.024*** （11.10）
$RE_{i,t}$	7.592*** （15.82）	7.631*** （15.85）	9.221*** （18.83）	9.219*** （18.83）
$TE_{i,t}$	0.394 （1.45）	0.373 （1.37）	0.803*** （3.20）	0.806*** （3.21）
$C_{i,t}$	1.363*** （3.72）	1.404*** （3.83）	1.939*** （6.85）	1.944*** （6.86）
$SGR_{i,t}$	0.153 （1.14）	0.170 （1.26）	0.276** （2.14）	0.275** （2.13）
$SIZE_{i,t}$	0.620*** （15.11）	0.612*** （14.88）	0.476*** （10.45）	0.476*** （10.45）
_cons	–14.510*** （–14.71）	–14.155*** （–14.23）	–11.363*** （–10.52）	–11.346*** （–10.50）
年度 / 行业	控制	控制	控制	控制
N	5357	5357	6544	6544
pseudo R–sq	0.3279	0.3289	0.3398	0.3398

注：括号中为z值；***、** 分别表示在1%、5% 水平上显著（双尾）。

表6-9列示了按照实际控制人类别分组检验的结果，从中可以发现，财务柔性价值对企业股利支付的回归系数显著为负，且均在1%水平显著，表明不论国有企业还是非国有企业，财务柔性价值高的企业都倾向于采取不发放股利行为。财务柔性价值与社会连带的交互项系数，在国有企业样本中显著为正，在非国有企业样本中系数为正，但不显著，表明在国有企业样本中，社会连带对财务柔性价值与股利支付行为发挥了显著的调节效应，且该调节效应仅存在于国有企业样本中，再次验证了假设6-3。

进一步分析财务柔性价值与社会连带在不同制度环境下对企业股利支付行为的影响，表6-10列示了按照制度环境中位数分组检验的结果。从中可以发现，财务柔性与社会连带的交互项系数为正，但不显著，假设6-4没有得到进一步验证。原因可能在于，股利政策是管理层与投资者相互博弈的结果。一方面，企业要保持现金流充足来满足投资支出需要，发放股利会减少企业自由现金流，处于制度环境差的地区的企业社会连带越高，筹集资金的渠道越广，规模越大，所受融资约束越小，在股利决策中对财务柔性价值的敏感性越低；另一方面，股利是投资者取得投资回报的重要方式，制度环境差的地区信息不对称程度更高，企业不发放股利而将现金流留存企业，加上社会连带给企业资源带来的便利，充裕的现金流助长管理层自利行为，从而损害投资者利益。从这个角度来讲，社会连带给企业同时带来的有利和不利影响可能会相互抵消，造成不同制度环境下没有显著差异。

表6-10 财务柔性价值、社会连带与股利支付：基于制度环境

变量	制度环境差的地区		制度环境好的地区	
	（1）	（2）	（3）	（4）
$VOFF_{i,t}$	0.429^{***} （2.60）	0.326^{*} （1.77）	-0.341^{*} （-1.67）	-0.533^{**} （-2.24）
$VOFF_{i,t} \times tie_{i,t}$		0.310 （1.27）		0.442 （1.57）
$tie_{i,t}$	0.201^{**} （1.98）	-0.076 （-0.32）	-0.334^{***} （-3.29）	-0.703^{***} （-2.75）
$ROA_{i,t}$	18.503^{***} （16.20）	18.553^{***} （16.24）	16.282^{***} （11.79）	16.278^{***} （11.79）

续表

变量	制度环境差的地区		制度环境好的地区	
	（1）	（2）	（3）	（4）
$RE_{i,t}$	7.953*** （17.69）	7.957*** （17.70）	8.858*** （15.81）	8.875*** （15.80）
$TE_{i,t}$	0.517* （1.90）	0.519* （1.91）	0.195 （0.66）	0.189 （0.64）
$C_{i,t}$	1.504*** （4.41）	1.509*** （4.43）	2.476*** （7.06）	2.476*** （7.05）
$SGR_{i,t}$	0.656*** （4.78）	0.662*** （4.82）	0.297* （1.92）	0.289* （1.86）
$SIZE_{i,t}$	0.526*** （12.43）	0.524*** （12.38）	0.497*** （10.05）	0.494*** （9.98）
_cons	−14.011*** （−13.69）	−13.900*** （−13.54）	−12.306*** （−9.92）	−12.077*** （−9.67）
年度 / 行业	控制	控制	控制	控制
N	6204	6204	5697	5697
pseudo R−sq	0.3621	0.3623	0.3391	0.3395

注：括号中为 z 值；***、**、* 分别表示在 1%、5%、10% 水平上显著（双尾）。

第六节　本章小结

本章从股利行为的角度出发，研究财务柔性价值对股利支付行为的影响，财务柔性价值与社会连带对企业股利支付行为的影响，不同产权性质及不同制度环境下财务柔性价值与社会连带对企业股利支付影响的差异。

在理论分析的基础上，提出了以下假设：①财务柔性价值高的企业更倾向于不支付股利。②社会连带越强，股利支付与财务柔性价值的敏感性越低。③相对于非国有企业，国有企业中社会连带对财务柔性价值与股利支付行为发挥更显著的调节效应。④相对于制度环境好的地区，制度环境差的地区企业社会连带对财务柔性价值与股利支付发挥更显著的调节效应。为验证以上研究假设，本章采用我国A股上市企业2008—2014年的相关数据进行检验，实证结果表明：

（1）财务柔性价值与企业股利支付行为呈显著负相关关系，财务柔性价值高的企业更倾向于不发放股利。原因可能在于财务柔性价值高的企业更倾向于储存当下的内部现金流，从而减少股利发放，为将来应对不确定性事件所发生的未预期支出进行资金储备。

（2）财务柔性价值、社会连带与股利支付的分析。财务柔性价值与社会连带对股利支付的交互项系数显著为正，表明社会连带对财务柔性价值与股利支付发挥显著的调节效应。原因可能在于，当企业具有社会连带关系或者社会连带程度较高时，企业更容易打通外部融资渠道，获取更多融资，缓解企业内部现金流的压力，从而削弱了财务柔性价值对股利支付的影响，提高企业发放股利意愿。

（3）考虑到产权性质和制度环境会对企业的融资行为产生影响，将全样本分别按照产权性质和制度环境分组检验后发现，相比非国有企业，国有企业中社会连带对财务柔性价值与股利支付发挥显著的调节效应，且该调节效应仅存在于国有企业。相对于制度环境好的地区，在制度环境差的地区企业社会连带对财务柔性价值与股利支付的调节效应更显著。

第七章 财务柔性价值、社会连带与研发支出

财务柔性是企业进行研发支出的重要考量因素，本章在探讨财务柔性价值对研发支出影响的基础上，结合我国特殊的制度背景，分析企业社会连带关系对财务柔性价值与研发支出的调节效应，以及在不同产权性质和不同市场化环境下该调节效应是否存在差异。本章的内容安排如下：第一节阐述研究背景，进而提出本章的研究问题；第二节在对相关理论和研究文献进行回顾和评述的基础上，提出相关研究假设；第三节为研究设计，包括样本选择、数据来源、模型选择和变量定义；第四节实证分析财务柔性价值对研发支出的影响，以及社会连带对财务柔性价值与研发支出的调节效应，进一步地，在区分不同产权性质与制度环境的情况下，分析该调节效应是否存在差异；第五节进行稳健性检验；第六节对本章研究进行总结。

第一节 研究背景与研究问题的提出

研发活动是提升企业创新能力与核心竞争力的关键，在提升企业生产率、促进经济持续高效发展中扮演至关重要的角色。在全球经济一体化步伐不断加快和国际市场竞争日趋激烈的情况下，如何有效提高我国民族企业的技术创新能力，已成为政府、企业与学术界高度关注的一个焦点问题。

创新在研究开发、中间测试及市场销售等阶段均存在极大的不确定性，

但同时也可能会给企业带来巨大利润空间。在这一意义上，技术创新具有高风险和高收益并存的特征。企业创新活动具有“高风险”“高独占性”特征。研发支出从构成上主要包括研究仪器设备的折旧费、试验材料以及研究人员的薪酬和培训费用等，这种构成决定了研发投资具有较强的刚性。由于研发设备的专用性强，减少研发投入时只能主要通过削减高新技术人员的工资甚至裁员实现，而这将造成两方面的隐性成本的发生，其一是已支付的高新技术人员的培训与深造费用不能得到进一步补偿或带来增值，其二是由于裁员或高新技术人员跳槽造成的技术秘密的泄露。这意味着研发投资的调整成本非常高昂，并且超过了实物投资的调整成本，因此研发投资具有长期持续稳定的特性。

内源资金与外源资金是企业投资的两个主要来源。根据西方的财务柔性理论对财务柔性的界定，企业可以通过预留内部资金或提高剩余负债融资能力或几种财务政策组合的方式，提高及时获取或调用财务资源的能力，以预防不利冲击或利用有价值的投资机遇。财务柔性对企业投资的影响已获得大量实证研究的支持，这些研究主要从现金持有与剩余负债这两种财务柔性储备方式进行探讨。Denis 和 Sibilkov（2010）发现，充分的现金储备能够使融资约束企业进行那些没有储备情况下无法进行的高增值项目投资，从而提高约束企业的投资水平与企业价值。我国学者顾乃康等（2011）利用1998—2006年沪深两市非金融类上市企业样本数据也得到了类似结果。Marchica和Mura（2010）发现，通过持续的低杠杆政策，企业储备了未来获得负债的能力，这种能力能够为新的投资提供资金，从而增加了企业的投资水平。Jong等（2012）也证实通过储备负债能力而获得财务柔性的企业拥有更多的未来投资。也有学者将不同的财务柔性获取途径视为不同的财务柔性政策，分别对这些财务柔性政策与企业投资的关系进行了检验，同样证实了财务柔性储备有利于企业对未来投资机会的把握的观点，而且认为组合使用多种获取途径的企业具有更高的财务柔性，其与投资水平具有更大的正相关性（Arslan et al.，2008）。与实物投资相比，研发投资的持续时间更长、风险更大、信息不对称程度也更高，这些特性必将影响到不同渠道资金的获取成本与及时、有效性，因此研发支出在财务柔性与投资行为关系的研究中不应被忽视。

第二节　理论分析及假设的提出

（一）财务柔性价值与研发支出

从资金来源角度看，研发投资比较不易受到债务融资的支持。首先，研发包括科学研究与试验发展两个阶段，从科学概念到技术成果产出的周期较长且不确定性很高，另外，研发投资欲获得预期的成果，其商业化阶段也很关键，换言之，研发投资的收益周期长，而且不仅面临技术风险，还面临市场风险。其次，研发活动与企业的创新活动密切相关，是企业取得竞争优势的重要一环，因此企业往往不愿透露研发相关信息以防止商业秘密被竞争对手知晓。最后，研发活动的成果往往是无形资产，但无形资产在出现财务风险时的担保价值几乎为零。双重风险、严重的信息不对称以及资不抵债时价值的严重折损无疑使研发投资无法以债务融资作为主要资金来源。因此，即使储备了剩余负债，也会因为上述原因，在未来研发投资需要资金时，或者得不到负债融资，或者只能以很高的利息得到借款。DeAngelo H.和DeAngelo L.（2007）在考虑到代理成本与企业税所带来的内源融资的较高成本后认为，不能单纯以现金持有作为未来投资机遇的资金来源，还应向外部资本市场寻找途径。他们提出出于避免信息不对称造成的股票低估问题的考虑，管理层倾向于债权融资，而各期负债融资之间则存在相互依赖关系，因为当期过度使用负债融资能力将使未来环境变化时负债筹资能力下降，因此前期较低的负债比率有利于企业拥有剩余负债能力。Ferreira 等（2005）研究发现受融资约束的企业会增加现金持有，以保持财务柔性，缓解未来外部融资压力，提高投资能力，并随后得到Denis和Sibilkov（2010）等学者研究的支持。曾爱民等（2013）以次贷危机为研究事件，证明了同时使用高现金持有和低杠杆途径获取财务柔性的企业，较之通过单一途径获取财务柔性的企业，更具有抵御不利冲击并且利用新的投资机会的能力。

财务柔性价值体现了企业对财务资源的筹资和调配能力，因此对企业的研发支出产生重要影响。一方面，影响企业财务资源配置。财务柔性是企业规划研发支出资金需求的重要考量，为了避免企业陷入财务困境，保证企业的正常运转和良好运营，企业安排研发支出时需要考虑企业的财务柔性，并根据企业外部环境的变化，迅速做出调整，以维持良好的财务运转。另一方面，影响融资成本。以低成本获得企业所需财务资源是财务柔性的重要特征，当企业融资受限时，高财务柔性有助于企业低成本获取所需资金，避免企业资金链断裂，以较低成本顺利融资。另外，财务柔性高有助于企业在适当的时机快速抓住获利机会，整合资源，增强实力，实现企业战略目标。由于财务柔性低的企业在遇到财务危机或者投资机会时，很难筹集大量现金来度过危险期或者抓住机遇，所以，研发支出对财务柔性应有较强的敏感性。财务柔性价值主要体现在两个方面：缓解投资不足，避免陷入财务困境。因此，具有较高财务柔性价值的企业选择降低当前的研发支出，以应对未来的资金压力，预防可能发生的资金风险，有助于企业应对不利冲击。

基于以上分析，本章提出以下假设：

假设7–1：其他条件不变，财务柔性价值高的企业倾向于降低企业的研发支出。

（二）财务柔性价值、社会连带与研发支出

财务柔性价值是股东对企业财务资源调配能力的综合评价，主要基于企业内部财务资源的角度，而社会连带是企业的社会资源，是一种隐性资源。高管的社会连带是帮助企业获取外部资源的重要途径和可靠方式。已有文献表明企业创新活动不仅周期长，而且失败概率很高。在多数情况下，有关项目前景的信息要么非常有限，要么很难获取，因此准确评估企业高风险创新的价值一直是一件复杂和困难的工作。不仅如此，现实中部分创新企业在与投资者交流时更倾向于提供乐观的信息，以提高投资者信心，吸引更多资金支持，这就进一步加剧了投资者与企业之间的信息不对称问题。谢言等（2010）研究表明，社会联系的两个子维度对自主创新的影响不同，即商业联系和自主创新之间存在倒U形关系，政治连带与自主创新之间存在正相关关系。企业与银行的密切关系将会降低企业与银行间的信息不对称，从而使企业更易获得贷款或降低贷款成本，企业高管具有银行背景可以获得更

多银行借款（Burak et al., 2008; Ciamarra, 2012; Lu et al., 2012）。Cull等（2015）研究表明，政治连带在发展中国家普遍存在，并且是企业的重要资源。具有政治连带的企业更容易获取银行贷款（Claessens et al., 2008; Fan et al., 2008; Li et al., 2008），在资本市场上更受欢迎（Francis et al., 2009; Boubakri et al., 2012），更容易摆脱财务困境（Faccio et al., 2006）。Chen和Chen（2012）提出企业通过派出或接受董事与外界建立社会网络，是企业对外联系与获取外部资源的重要途径。企业可以凭借连锁董事网络对企业资源进行调配和整合，获取更多信息和商业机会，对企业的投资决策产生重要影响（Silva et al., 2006; Biddle et al., 2009; Billettet al., 2011）。可见，企业与外界建立社会网络，是获取外部资源摆脱财务困境的重要通道。

当企业具有较高社会连带时，企业的信息优势更大，融资条件更为便利，通过建立不同层次的筹资渠道掌控更多的资源，有助于缓解企业的外部融资压力，使决策层更加关注内部的潜在能力对企业价值的影响；当企业财务柔性价值较高时，降低研发支出能够给企业带来更大价值，因而增强了研发支出对财务柔性价值的敏感性。为更好地应对未来的资金需求，预防可能发生的资金风险，企业会倾向于降低研发支出，保留充裕的现金流，社会连带通过其资源优势对财务柔性价值与研发支出发挥调节效应。基丁此，本章提出以下假设：

假设7-2：其他条件不变，社会连带越高，研发支出与财务柔性价值的敏感性越强。

（三）财务柔性价值、社会连带与研发支出：基于产权性质

不同产权性质的企业具有很大的异质性，财务柔性价值与社会连带对研发支出的影响也会存在差异。中国的信贷分配有很强的政府干预的特征，且更偏向于国有企业（Bai et al., 2006; Gordon and Li, 2011; Cull et al., 2009, 2015）。国有企业的出现是为了解决社会收益与企业自身成本不同而导致的市场失灵。知识生产的不完全独占性导致知识生产不足的市场失灵，可以通过国有企业自身或者政府对它们的直接干预而得到缓解。因此，从体制上说，国有企业有条件比民营企业更具有创新性。国有企业比民营企业更多地

参与研发创新的另一个原因在于研发资源禀赋的不同。即便民营企业的劳动生产率比国有企业高，但是科研创新所需要的大部分资源被国有企业所拥有，所以民营企业更多地生产资本密集但是技术附加值低的产品，技术附加值高的产品还主要由国有企业生产。在我国特殊的市场环境下，市场机制尚不完善，对知识产权的保护还有待加强，如果民营中小企业不能有效地保护其创新活动的收益，则国有企业的创新性可能高于民营企业。对于国有企业而言，代理问题比非国有企业更为严重，而社会连带带来的资源上的便利可能加重管理层的自利行为，造成更为严重的代理问题。为了缓解代理冲突，降低代理成本，国有企业更有动机进行研发支出。因而，国有企业研发支出对其财务柔性价值和社会连带更加敏感。

因此，本章提出以下假设：

假设7–3：其他条件不变，相对于非国有企业，社会连带在国有企业中对财务柔性价值与研发支出发挥了更显著的调节效应。

（四）财务柔性价值、社会连带与研发支出：基于制度环境

企业所处的制度环境会对企业的研发支出产生影响。在缺乏正式制度性支持的情况下，企业通常会通过其社会连带关系寻求非正式制度的支持，以降低运行风险。在正式制度较弱的环境中，企业通常会通过建立外部关系特别是政治关系，克服市场和政府失灵，减少外部环境带来的风险，提高企业盈利能力。雷光勇等（2009）研究发现，在法治水平较低的地区，上市企业的政治关联有助于提升其企业价值；而在法治水平较高的地区，政治关联对企业价值的影响则不显著。从资源理论的视角来看，企业社会连带中凝结着丰富的社会资本，有助于企业建立不同层次的资源获取渠道，从而形成具有竞争力的业务体系，促进企业成长和价值提升（Granovetter，1985；田利辉、张伟，2013）。在制度环境较好的地区，企业所受外部约束较小，其决策和发展主要依靠企业本身对财务资源的调配与利用，而对外部社会连带依赖较少，企业主要依据自身的融资能力进行研发，以财务柔性价值为主导，社会连带对其发挥的作用较小。而在制度环境较差的地区，由于市场化水平和融资环境的约束，企业在进行研发时更倾向寻求来自社会连带的非正式制度的

资源支持，以改善外部环境对企业发展的外部约束。此时，社会连带对财务柔性价值与研发支出的调节效应更强。基于上述分析，本章提出以下假设：

假设7-4：其他条件不变，相对于制度环境好的地区，在制度环境差的地区，社会连带对财务柔性价值与研发支出发挥了更强的调节效应。

第三节 研究设计

（一）样本选择与数据来源

本章以2009—2014年在沪深主板市场上市的A股企业为研究样本，由于解释变量均采用滞后一期，且计算财务柔性价值指标时也用到滞后一期数据，所以本章实际使用的数据涵盖2007—2014年。样本经过以下程序的筛选：剔除性质特殊的金融类企业，剔除数据缺失的企业，剔除没有披露研发支出的企业，最后得到6469个企业年度观测值。此外，为消除极端值对分析结果造成的偏差，对连续性变量进行1%和99%水平的缩尾处理。本章所使用的财务数据主要来源于CSMAR和CCER数据库，社会连带通过企业年度财务报告中高管简历进行手工整理，以及通过新浪网、金融界等网站进行补充。数据处理采用Stata12.0和Excel 2013。

（二）模型选择与变量定义

为了检验以上假设，本章以研发支出作为因变量，借鉴Rapp等（2014）的度量方法，用财务柔性价值作为主要解释变量，构建模型（7-1），以检验财务柔性价值对研发支出的影响，主要考察财务柔性价值的回归系数α_1的符号，若模型中的财务柔性价值*VOFF*的系数α_1显著为负，说明财务柔性价值越高，企业越倾向于采取降低研发支出的决策；以研发支出作为因变量，用财务柔性价值和社会连带及二者交互项作为解释变量，构建模型（7-2），以检验财务柔性价值与社会连带对研发支出的影响，主要考察交互项的回归系数α_2的显著性水平，若模型中交乘项系数α_2显著，则说明社会连带对财务柔性价值与研发支出发挥了显著的调节效应。模型（7–1）和模型（7–2）中采用*RD*表示研发支出；*VOFF*表示财务柔性价值，即第三章第三节设计的计算指标；*tie*表示社会连带，包括政治连带、商业连带和银行连带。同时，加入了托宾Q、总资产收益率、企业规模、资产负债率、现金流，以及年度和行业等控制变量（变量定义见表7–1）。为降低内生性问题，模型中的解释变量和控制变量均采用滞后一期进行控制。

$$RD_{i,t}=\alpha_0+\alpha_1 VOFF_{i,t-1}+\alpha_2 TOBIN_{i,t-1}+\alpha_3 CF_{i,t-1}+\alpha_4 LEV_{i,t-1}+ \alpha_5 ROA_{i,t-1}+\alpha_6 SIZE_{i,t-1}+\sum year+\sum IND+\varepsilon_{i,t} \quad (7\text{–}1)$$

$$RD_{i,t}=\alpha_0+\alpha_1 VOFF_{i,t-1}+\alpha_2 VOFF_{i,t-1}\times tie_{i,t-1}+\alpha_3 tie_{i,t-1}+ \alpha_4 TOBIN_{i,t-1}+\alpha_5 CF_{i,t-1}+\alpha_6 LEV_{i,t-1}+\alpha_7 ROA_{i,t-1}+ \alpha_8 SIZE_{i,t-1}+\sum year+\sum IND+\varepsilon_{i,t} \quad (7\text{–}2)$$

模型中变量定义及度量方法见表7–1。

表7–1　变量定义及度量方法

变量类型	变量名称	变量代码	度量方法
被解释变量	研发支出	*RD*	研发支出占总资产的比重
解释变量	财务柔性价值	*VOFF*	详见第三章第三节财务柔性价值的计算方法
	社会连带	*tie*	高于中位数取值为1，否则为0
分类变量	产权性质	*SOE*	按实际控制人性质设置虚拟变量，国有企业取1，非国有企业取0
	制度环境	*INST*	所在地区的市场化指数高于中位数为好，否则为差
控制变量	托宾Q	*TOBIN*	（流通股市值＋非流通股账面价值＋负债账面价值）÷资产账面价值
	现金流	*CF*	经营活动现金流 ÷ 年末总资产
	资产负债率	*LEV*	负债总额 ÷ 资产总额
	总资产收益率	*ROA*	净利润 ÷ 年末总资产
	企业规模	*SIZE*	年末总资产取自然对数
	年度	*year*	年度哑变量
	行业	*IND*	行业哑变量

第四节 实证结果及相关分析

（一）描述性统计与相关性分析

表7–2报告了主要变量的描述性统计。从表7–2中可以发现，研发支出的均值为0.018，标准差为0.017，最小值为0，最大值为0.078，表明不同企业之间投入研发支出的强度存在一定差异；财务柔性价值*VOFF*均值为1.013，标准差为0.271，最小值为0.360，最大值为1.762，说明不同企业的财务柔性价值之间存在较大差异。社会连带*tie*均值为0.493，标准差为0.564，最小值0，最大值3，表明不同企业的社会连带差距较大。企业的托宾Q均值为2.003，最小值0.217，最大值8.231，表明企业之间差异较大。现金流均值0.044，标准差为0.067，最小值–0.137，最大值0.234，表明不同企业之间经营活动现金流占总资产比重有很大不同。资产负债率均值为0.434，标准差0.206。总资产收益率*ROA*均值0.046，最小值–0.123，最大值0.227，表明不同企业之间的绩效存在很大差异，经营情况良莠不齐。企业规模*SIZE*均值21.830，标准差1.105，最小值19.710，最大值24.930，表明不同企业之间企业规模存在较大差异。

表7–2 关键变量的描述性统计

变量名	观测值	均值	中位数	标准差	最小值	最大值
RD	6469	0.018	0.015	0.017	0	0.078
VOFF	6469	1.013	0.976	0.271	0.360	1.762
tie	6469	0.493	0.500	0.564	0	3
TOBIN	6469	2.003	1.606	1.523	0.217	8.231
CF	6469	0.044	0.040	0.067	–0.137	0.234
LEV	6469	0.434	0.432	0.206	0.049	0.883
ROA	6469	0.046	0.038	0.055	–0.123	0.227
SIZE	6469	21.830	21.690	1.105	19.710	24.930

表7–3报告了主要变量的Pearson相关性分析。从表7–3可以看出，各个

变量的相关系数较小，各变量相关系数均小于0.5，表明变量之间不存在严重的多重共线性问题。

表7–3　主要变量的Pearson相关性分析

变量	*RD*	*VOFF*	*tie*	*TOBIN*	*CF*	*LEV*	*ROA*	*SIZE*
RD	1							
VOFF	-0.180^{***}	1						
tie	-0.095^{***}	-0.117^{***}	1					
TOBIN	-0.101^{***}	-0.163^{***}	0.127^{***}	1				
CF	0.111^{***}	0.088^{***}	0.057^{***}	0.192^{***}	1			
LEV	–0.011	0.133^{***}	0.031^{**}	-0.474^{***}	-0.174^{***}	1		
ROA	0.193^{***}	-0.226^{***}	0.037^{***}	0.440^{***}	0.415^{***}	-0.400^{***}	1	
SIZE	0.406^{***}	–0.006	-0.049^{***}	-0.493^{***}	0.034^{***}	0.485^{***}	0.001	1

注：***、** 分别表示在 1%、5% 水平上显著。

（二）财务柔性价值与研发支出

表7–4报告了模型（7–1）的回归结果。为降低模型的内生性，对回归模型中的解释变量和控制变量均采用滞后一期。

表7–4　财务柔性价值与研发支出

因变量	RD
$VOFF_{i,t-1}$	-0.177^{*} （–1.88）
$TOBIN_{i,t-1}$	0.046^{***} （2.65）
$CF_{i,t-1}$	0.604^{**} （2.00）
$LEV_{i,t-1}$	-0.610^{***} （–5.10）
$ROA_{i,t-1}$	4.788^{***} （9.79）
$SIZE_{i,t-1}$	0.748^{***} （33.57）

续表

因变量	RD
_cons	–0.151 （–0.31）
年度 / 行业	控制
N	4577
adj. R–sq	0.420

注：括号中为 t 值；***、**、* 分别表示在 1%、5%、10% 水平上显著（双尾）。

从表 7–4 的回归结果整体来看，解释变量均在 1% 水平上显著，模型（7–1）的拟合度为 42%，表明模型具有较高的解释力度。从表 7–4 财务柔性价值与研发支出的回归结果来看，财务柔性价值与研发支出的回归系数为 –0.177，在 10% 的水平显著为负，表明企业的财务柔性价值越大，越倾向于降低企业的研发支出强度；企业的财务柔性价值每提高 1 单位，研发支出强度降低 0.177。原因在于财务柔性价值高的企业降低研发支出，可以为企业保留资金，来应对将来不确定性事件所发生的未预期支出，有助于提升企业价值，从而对假设 7–1 提供了经验证据的支持。

从控制变量来看，企业的成长机会 *TOBIN* 与研发支出的回归系数在 1% 水平上显著为正，表明企业的成长机会越大，企业越愿意投入研发，以增强企业竞争力。现金流与企业的研发支出在 5% 水平上显著为正，表明企业的现金流越多，企业的研发投入强度越大，这与企业的客观情况相符合。企业的负债水平与研发支出在 1% 水平上显著为负，表明企业负债比率越高，企业投入研发支出的水平越低，原因在于研发支出是一项高投入和高不确定性的活动，当企业负债越高，融资受限的可能性越大，那么投入研发支出的意愿和概率就会越低。企业的盈利水平与研发支出在 1% 水平上显著为正，表明企业的盈利性越好，内部创造现金流能力越强，企业投入研发支出越多。企业规模与研发支出的相关系数在 1% 水平上显著为正，表明企业规模越大，企业投入研发支出相对越多。

（三）财务柔性价值、社会连带与研发支出

表 7–5　财务柔性价值、社会连带与研发支出

	（1）	（2）
$VOFF_{i,t-1}$	−0.177* （−1.88）	−0.004 （−0.04）
$VOFF_{i,t-1} \times tie_{i,t-1}$		−0.521*** （−3.63）
$tie_{i,t-1}$	−0.027 （−0.47）	0.490*** （3.19）
$TOBIN_{i,t-1}$	0.046*** （2.65）	0.044** （2.57）
$CF_{i,t-1}$	0.600** （1.98）	0.616** （2.04）
$LEV_{i,t-1}$	−0.611*** （−5.11）	−0.617*** （−5.16）
$ROA_{i,t-1}$	4.788*** （9.79）	4.842*** （9.91）
$SIZE_{i,t-1}$	0.748*** （33.57）	0.747*** （33.52）
_cons	−0.155 （−0.32）	−0.300 （−0.61）
年度 / 行业	控制	控制
N	4577	4577
adj. R−sq	0.420	0.421

注：括号中为 t 值；***、**、* 分别表示在 1%、5%、10% 水平上显著（双尾）。

表 7–5 报告了模型（7–2）财务柔性价值、社会连带与研发支出的回归结果。从回归结果整体来看，解释变量均显著，模型（7–2）的拟合度为 42%，表明模型具有较高的解释力度。第（1）列是财务柔性价值与社会连带对研发支出强度的回归结果，第（2）列是在第（1）列的基础上加入财务柔性价值与社会连带的交互项对研发支出强度的回归结果。从表 7–5 的回归结果具体来看，第（2）列财务柔性价值与社会连带的交互项系数为 −0.521，

在1%的水平上显著，表明社会连带对财务柔性价值与研发支出发挥了显著的调节效应，社会连带越高，研发支出与财务柔性价值的敏感性越强，财务柔性价值与社会连带越高，企业越倾向于减少研发支出，从而验证了假设7-2。原因可能在于，企业社会连带越高，越有助于企业建立多层次的筹资渠道，缓解企业的融资压力，因此，企业更加重视分析内部的潜在能力，当企业财务柔性价值越高，减少研发支出可以给企业带来更大的价值，企业越倾向于做出降低研发支出的决策行为。

（四）财务柔性价值、社会连带与研发支出：基于产权性质

为了进一步分析财务柔性价值、社会连带对不同产权性质企业研发支出的影响，表7-6列示了按照产权性质分组检验的结果。从回归结果整体来看，模型（7-2）的拟合度在非国有企业样本中为46.2%，在国有企业样本中为40.3%，表明模型（7-2）具有较高的解释力度。

从表7-6的回归结果具体来看，可以发现，财务柔性价值与社会连带的交互项系数在国有企业样本中为-0.662，且在1%的水平上显著；该交互项系数在非国有企业样本中不显著。回归结果表明，在国有企业样本中，社会连带对财务柔性价值与研发支出发挥了显著的调节效应，从而支持了假设7-3。原因可能在于，知识生产的不完全独占性导致知识生产不足的市场失灵，可以通过国有企业自身或者政府对它们的直接干预而得到缓解。因此，从体制上说，国有企业有条件比非国有企业更具有创新性。国有企业比非国有企业更多地参与研发创新的另一个原因在于研发资源禀赋的不同。即便民营企业的劳动生产率比国有企业高，但是科研创新所需要的大部分资源被国有企业所拥有，所以其他企业更多地生产资本密集但是技术附加值低的产品，技术附加值高的产品还主要由国有企业生产。在我国特殊的市场环境下，市场机制尚不完善，对知识产权的保护还有待加强，如果非国有企业不能有效地保护其创新活动的收益，则国有企业的创新性可能高于非国有企业。

表 7-6 财务柔性价值、社会连带与研发支出：基于产权性质

变量	国有企业		非国有企业	
	（1）	（2）	（3）	（4）
$VOFF_{i,t-1}$	−0.189 （−1.23）	0.054 （0.31）	−0.123 （−1.05）	−0.051 （−0.39）
$VOFF_{i,t-1}\times tie_{i,t-1}$		-0.662^{***} （−2.97）		−0.244 （−1.28）
$tie_{i,t-1}$	−0.181 （−1.57）	0.516^{**} （1.97）	0.062 （1.01）	0.296 （1.54）
$TOBIN_{i,t-1}$	0.035 （1.02）	0.031 （0.91）	0.053^{***} （2.89）	0.053^{***} （2.87）
$CF_{i,t-1}$	0.157 （0.29）	0.163 （0.30）	0.953^{***} （2.77）	0.971^{***} （2.83）
$LEV_{i,t-1}$	-0.504^{**} （−2.25）	-0.500^{**} （−2.24）	-0.745^{***} （−5.51）	-0.749^{***} （−5.54）
$ROA_{i,t-1}$	5.011^{***} （5.60）	5.060^{***} （5.67）	4.178^{***} （7.55）	4.202^{***} （7.59）
$SIZE_{i,t-1}$	0.711^{***} （18.96）	0.707^{***} （18.88）	0.850^{***} （29.64）	0.849^{***} （29.62）
_cons	0.562 （0.66）	0.437 （0.52）	-2.153^{***} （−3.41）	-2.219^{***} （−3.51）
年度 / 行业	控制	控制	控制	控制
N	1933	1933	2644	2644
adj. R−sq	0.401	0.403	0.462	0.462

注：括号中为 t 值；***、** 分别表示在 1%、5% 水平上显著（双尾）。

（五）财务柔性价值、社会连带与研发支出：基于制度环境

为了进一步分析财务柔性价值、社会连带对不同制度环境下企业研发支出的影响，表 7–7 列示了按照制度环境中位数分组检验的结果。从回归结果整体来看，模型（7–2）的拟合度在制度环境较差地区样本中为 41.6%，在制度环境较好地区样本中为 48.3%，表明模型具有较高的解释力度。

从表 7–7 的回归结果可以发现，财务柔性价值与社会连带的交互项系

数，在制度环境差的地区为-0.775，且在1%水平上显著，说明社会连带对财务柔性价值与研发支出强度发挥了显著的调节效应；在制度环境好的地区为负但不显著，说明相对于制度环境好的地区，处于制度环境差的地区的企业研发支出对财务柔性价值和社会连带具有更强的敏感性，社会连带对其发挥了更强的调节效应。原因可能在于，制度环境好的地区企业筹集资金的渠道更广，规模更大，所受的外部融资约束相对较小，企业在安排研发支出时对财务柔性价值和社会连带的依赖较小，而制度环境差的地区则相反，因此，在进行研发支出决策时，会更多考虑财务柔性价值和社会连带对研发支出的影响，社会连带对财务柔性价值与研发支出强度发挥显著调节效应，从而对假设7-4提供了经验证据的支持。

表7-7　财务柔性价值、社会连带与研发支出：基于制度环境

变量	制度环境差的地区		制度环境好的地区	
	（1）	（2）	（3）	（4）
$VOFF_{i,t-1}$	-0.180 （-1.34）	0.055 （0.36）	-0.092 （-0.76）	-0.017 （-0.13）
$VOFF_{i,t-1} \times tie_{i,t-1a}$		-0.775^{***} （-3.58）		-0.203 （-1.17）
$tie_{i,t-1}$	0.039 （-0.44）	0.753^{***} （3.16）	-0.048 （-0.70）	0.148 （0.82）
$TOBIN_{i,t-1}$	0.050^{**} （2.00）	0.048^{*} （1.95）	0.077^{***} （3.48）	0.076^{***} （3.45）
$CF_{i,t-1}$	0.322 （0.73）	0.351 （0.80）	0.809^{**} （2.13）	0.809^{**} （2.13）
$LEV_{i,t-1}$	-0.039 （-0.44）	0.753^{***} （3.16）	-0.048 （-0.70）	0.148 （0.82）
$ROA_{i,t-1}$	4.184^{***} （6.01）	4.263^{***} （6.14）	4.761^{***} （7.46）	4.792^{***} （7.50）
$SIZE_{i,t-1}$	0.770^{***} （24.57）	0.771^{***} （24.67）	0.755^{***} （25.28）	0.752^{***} （25.13）
_cons	-0.456 （-0.67）	-0.736 （-1.08）	1.075 （1.13）	1.089 （1.14）
年度 / 行业	控制	控制	控制	控制

续表

变量	制度环境差的地区		制度环境好的地区	
	(1)	(2)	(3)	(4)
N	2559	2559	2018	2018
adj. R-sq	0.414	0.416	0.483	0.483

注：括号中为 t 值；***、**、* 分别表示在 1%、5%、10% 水平上显著（双尾）。

第五节 稳健性检验

为了进一步验证假设的成立，基于 Gamba 和 Triantis（2008）的理论基础，并与 Rapp 等（2014）研究保持一致性和对比性，本章采用第三章第三节中设计的下列财务柔性价值的计算模型作为财务柔性价值的替代指标，进行稳健性检验，其他控制变量保持不变。

$$VOFF_{i,t}=0.8366016-0.3079325\times SGR_{i,t}-3.243003\times \frac{\Delta E_{i,t}}{M_{i,t-1}}-0.4998316\times T_{i,t}-0.8525402\times Spread_{i,t}+1.344578\times Tang_{i,t} \tag{7-3}$$

从回归结果整体来看，与前文结果保持高度一致。表 7–8 中财务柔性价值的回归系数为负，但不显著，与前文结果有点偏差，假设 7–1 没有得到进一步验证；财务柔性价值与社会连带的交互项系数在 1% 水平上显著为负，假设 7–2 进一步得到经验支持。表 7–9 和表 7–10 是分别基于产权性质和制度环境的分组检验结果，从回归结果来看，与前文结果保持一致，假设 7–3 和假设 7–4 进一步得到验证和支持。

表 7–8 报告了模型（7–1）和模型（7–2）采用 OLS 回归的实证结果，从表 7–8 的财务柔性价值与研发支出的回归结果来看，财务柔性价值与研发支出的回归系数不显著，假设 7–1 没有得到支持。财务柔性价值与社会连带的交互项系数在 1% 的水平上显著为负，表明社会连带对财务柔性价值与企业

研发支出发挥了显著的调节效应，社会连带越高，研发支出与财务柔性价值的敏感性越强，财务柔性价值与社会连带越高，企业越倾向于减少研发支出，从而验证了假设7-2。

表7-8　财务柔性价值、社会连带与研发支出

	（1）	（2）	（3）
$VOFF_{i,t-1}$	-0.091 （-1.05）	-0.091 （-1.05）	0.023 （0.23）
$VOFF_{i,t-1} \times tie_{i,t-1a}$			-0.390^{***} （ 2.61）
$tie_{i,t-1}$		-0.032 （-0.55）	0.305^{**} （2.16）
$TOBIN_{i,t-1}$	0.544^{*} （1.80）	0.539^{*} （1.79）	0.559^{*} （1.85）
$CF_{i,t-1}$	-0.582^{***} （-4.83）	-0.584^{***} （-4.84）	-0.589^{***} （-4.88）
$LEV_{i,t-1}$	5.005^{***} （10.32）	5.004^{***} （10.32）	5.015^{***} （10.35）
$ROA_{i,t-1}$	0.741^{***} （33.01）	0.741^{***} （33.01）	0.741^{***} （33.05）
$SIZE_{i,t-1}$	-0.103 （-0.21）	-0.107 （-0.21）	-0.227 （-0.46）
_cons	-0.091 （-1.05）	-0.091 （-1.05）	0.023 （0.23）
年度 / 行业	控制	控制	控制
N	4520	4520	4520
adj. R-sq	0.417	0.416	0.417

注：括号中为t值；***、**、* 分别表示在1%、5%、10% 水平上显著（双尾）。

进一步分析不同产权性质下财务柔性价值与社会连带对研发支出的影响，表7-9列示了按照产权性质分组检验的结果。整体来看，模型（7-2）的拟合度在非国有企业样本中为46.3%，在国有企业样本中为39.5%，表明模型具有较高的解释力度。具体来看，财务柔性价值与社会连带的交互项系数在国有企业样本中显著为负，在非国有企业样本中系数不显著，表明在国有企业样本中，社会连带对财务柔性价值与研发支出发挥了显著的调节效应，从而支持了假设7-3。原因可能在于国有企业与非国有企业的研发资源禀赋的不同，科研创新所需要的大部分资源被国有企业所拥有，所以技术附加值高的产品还主要由国有企业生产。国有企业的代理问题往往更为严重，为了缓解代理冲突，降低代理成本，国有企业更有动机进行研发支出。因而，国有企业研发支出对其财务柔性价值和社会连带更加敏感。

表7-9　财务柔性价值、社会连带与研发支出：基于产权性质

变量	国有企业		非国有企业	
	（1）	（2）	（3）	（4）
$VOFF_{i,t-1}$	−0.133 （−0.94）	−0.005 （−0.03）	−0.022 （−0.21）	0.036 （0.30）
$VOFF_{i,t-1} \times tie_{i,t-1a}$		-0.413^{*} （−1.70）		−0.211 （−1.12）
$tie_{i,t-1}$	-0.197^{*} （−1.70）	0.184 （0.73）	0.061 （1.00）	0.236 （1.41）
$TOBIN_{i,t-1}$	0.036 （1.04）	0.033 （0.96）	0.052^{***} （2.83）	0.052^{***} （2.80）
$CF_{i,t-1}$	0.092 （0.17）	0.106 （0.20）	0.888^{***} （2.60）	0.907^{***} （2.65）
$LEV_{i,t-1}$	-0.446^{**} （−1.98）	-0.451^{**} （−2.00）	-0.747^{***} （−5.48）	-0.749^{***} （−5.49）
$ROA_{i,t-1}$	5.092^{***} （5.74）	5.088^{***} （5.74）	4.426^{***} （8.07）	4.435^{***} （8.09）
$SIZE_{i,t-1}$	0.696^{***} （18.35）	0.697^{***} （18.37）	0.854^{***} （29.64）	0.854^{***} （29.64）
_cons	0.516 （0.60）	0.390 （0.45）	-2.664^{***} （−4.14）	-2.683^{***} （−4.17）
年度 / 行业	控制	控制	控制	控制
N	1894	1894	2626	2626
adj. R-sq	0.394	0.395	0.463	0.463

注：括号中为 t 值；***、**、* 分别表示在 1%、5%、10% 水平上显著（双尾）。

进一步分析财务柔性价值、社会连带对不同制度环境下企业研发支出

决策的影响，表7-10列示了按照制度环境中位数分组检验的结果。从回归结果整体来看，模型（7-2）的拟合度在制度环境较差地区样本中为41.5%，在制度环境较好地区样本中为47.7%，表明模型具有较高的解释力度。

具体来看回归结果可以发现，财务柔性价值与社会连带的交互项系数，在制度环境差的地区显著为负，说明社会连带对财务柔性价值与研发支出发挥了显著的调节效应；在制度环境好的地区不显著，说明相对于制度环境好的地区，处于制度环境差的地区的企业研发支出决策对财务柔性价值和社会连带具有更强的敏感性，社会连带对其发挥了更强的调节效应。原因可能在于，制度环境好的地区企业筹集资金的渠道更广，规模更大，所受的外部融资约束相对较小，在安排研发支出时对财务柔性价值和社会连带的依赖较少，而制度环境差的地区则相反，因此，在进行研发支出时，会更多考虑财务柔性价值和社会连带对财务决策行为的影响，社会连带对财务柔性价值与研发支出发挥调节效应，从而进一步对假设7-4提供经验证据的支持。

表7-10 财务柔性价值、社会连带与研发支出：基于制度环境

变量	制度环境差的地区		制度环境好的地区	
	（1）	（2）	（3）	（4）
$VOFF_{i,t-1}$	−0.157 （−1.28）	0.047 （0.34）	0.068 （0.60）	0.056 （0.44）
$VOFF_{i,t-1} \times tie_{i,t-1a}$		-0.725^{***} （−3.34）		0.037 （0.20）
$tie_{i,t-1}$	−0.044 （−0.49）	0.602^{***} （2.83）	−0.056 （−0.83）	−0.087 （−0.51）
$TOBIN_{i,t-1}$	0.047^{*} （1.87）	0.046^{*} （1.85）	0.081^{***} （3.64）	0.081^{***} （3.64）
$CF_{i,t-1}$	0.274 （0.62）	0.302 （0.69）	0.726^{*} （1.92）	0.725^{*} （1.92）
$LEV_{i,t-1}$	-1.006^{***} （−5.78）	-1.005^{***} （−5.79）	0.312^{**} （2.00）	0.312^{**} （2.00）
$ROA_{i,t-1}$	4.236^{***} （6.15）	4.267^{***} （6.21）	5.070^{***} （7.98）	5.068^{***} （7.97）
$SIZE_{i,t-1}$	0.772^{***} （24.50）	0.775^{***} （24.63）	0.735^{***} （24.39）	0.735^{***} （24.39）

续表

变量	制度环境差的地区		制度环境好的地区	
	（1）	（2）	（3）	（4）
_cons	−0.759 （−1.09）	−0.925 （−1.32）	1.296 （1.37）	1.303 （1.37）
年度 / 行业	控制	控制	控制	控制
N	2526	2526	1994	1994
adj. R−sq	0.412	0.415	0.477	0.477

注：括号中为 t 值；***、**、* 分别表示在 1%、5%、10% 水平上显著（双尾）。

第六节　本章小结

本章从研发支出的角度出发，研究财务柔性价值对企业研发支出强度的影响，财务柔性价值与社会连带对企业研发支出行为的影响，不同产权性质的企业财务柔性价值与社会连带对研发支出行为影响的差异，以及不同制度环境下企业财务柔性价值与社会连带对研发支出决策行为影响的差异。

在理论分析的基础上，提出了以下假设：①财务柔性价值高的企业倾向于降低企业的研发支出。②社会连带越高，研发支出与财务柔性价值的敏感性越强。③相对于非国有企业，社会连带在国有企业中对财务柔性价值与研发支出发挥了更显著的调节效应。④相对于制度环境好的地区，在制度环境差的地区，社会连带对财务柔性价值与研发支出发挥了更强的调节效应。为验证以上研究假说，本章采用我国A股上市企业2009—2014年的相关数据进行检验，研究结果表明：

（1）财务柔性价值与企业研发支出行为呈显著负相关关系，即财务柔性价值高的企业倾向于降低企业的研发支出。

（2）从财务柔性价值、社会连带与研发支出行为的回归结果分析来看，社会连带与财务柔性价值的交互项系数显著为负，表明社会连带对财务柔性价值与研发支出发挥显著的调节效应。

（3）考虑到产权性质和制度环境会对企业的研发行为产生影响，分别进行分组检验后发现，社会连带在国有企业中对财务柔性价值与研发支出行为发挥了更强的调节效应。相对于制度环境好的地区，在制度环境差的地区企业研发支出更为依赖社会连带的强度，社会连带对财务柔性价值与研发支出行为发挥了显著的调节效应。

第八章　财务柔性、社会连带与企业绩效

本章在财务柔性相关理论基础上，探讨财务柔性水平对企业绩效的影响，并基于我国特殊的制度背景，分析社会连带对财务柔性与企业绩效的调节效应。本章的内容安排如下：第一节阐述研究背景并提出本章的研究问题；第二节在对相关研究文献进行回顾和评述的基础上，提出研究假设；第三节为研究设计，包括样本选择、数据来源、模型选择和变量定义；第四节实证分析财务柔性对企业绩效的影响，以及社会连带对二者的调节效应；第五节进行稳健性检验；第六节对本章研究进行总结。

第一节　研究背景与研究问题的提出

2008年金融危机给全球经济带来巨大冲击，击垮了大量财务状况不佳的企业，财务柔性问题引发广泛关注。财务柔性（Financial Flexibility）是企业以低成本及时获取或调用资源，应对资金风险或把握投资机会，实现企业价值最大化的资源配置能力（Gamba and Triantis，2008；DeAngelo H. and DeAngelo L.，2009；Rapp et al.，2014）。通过对CFO进行调查研究发现，他们认为对企业资本结构决策最重要的驱动因素是获取和保持财务柔性（Graham and Harvey，2001；Brounen et al.，2004；Bancel and Mittoo，2004）。分析企业财务状况必须重点关注财务柔性等主要信息（葛家澍和占美松，2008）。世界

三大评级机构之一“惠誉”对发行人违约评级的关键评级指标中的财务状况包括财务柔性。因此，企业在进行财务决策时必须对财务柔性给予充分重视。

在我国，非正式关系广泛存在于政治、经济和社会的方方面面，对企业的经营发展产生重要影响。从资源的角度来看，社会连带是企业与外部发生联系、获取外部资源的重要途径（张祥建等，2015）。而财务柔性是企业内部进行资源配置的重要体现，具体表现在企业的财务策略，比如现金持有、资本结构、股利分配等，这些财务行为具有内部联动性，单个行为的变动可能会影响到其他财务行为。因而，如何保持财务柔性，以合理进行财务安排，保持适当流动性，是企业做出财务决策面临的重要问题。社会连带作为企业获取外部资源的重要途径，对企业内部资源配置也会产生影响。因此，有必要从资源内外联动的角度，对财务柔性与社会连带影响企业绩效的机理和路径进行分析。

综上所述，本章立足于我国特殊的制度背景，以资源理论为理论基础，基于现有文献将财务柔性与社会连带相结合考察其对企业绩效影响的不足，从内外资源联动的角度综合考察二者对企业绩效的影响，并对短期绩效和长期绩效分别进行检验和分析，为研究企业财务决策和资源配置的变化提供经验证据，对于在我国新兴市场非正式关系普遍存在的制度背景下进行财务决策研究具有重要的启示意义。

第二节　理论分析及假设的提出

（一）财务柔性与企业绩效

财务决策是企业财务研究中的一个难点。研究表明财务柔性有助于企业合理进行财务安排，增强应对不利冲击的能力，把握良好的投资机会，进而提升企业价值（Billett and Garfinke，2004；Rapp et al.，2014）。因此，财务柔性应当是有价值的，财务柔性较高的企业相对财务柔性低的企业应有一定的价值增量（Gamba and Triantis，2008）。基于期权理论，财务柔性较强的企业能够抓住更多投资机会，减少不利于企业发展的影响因素，最终提升企业绩效。Billett 和 Garfinke（2004）认为高财务柔性企业进入资本市场的成本较低，具备充足资金把握获利机会，提升企业价值。Arslan 等（2014）以 1997 年东南亚金融危机冲击为背景，采用东南亚五个国家和地区的上市企业为样本，研究发现危机前现金持有较高和负债水平较低的高财务柔性企业，在金融危机中明显表现出更好的会计业绩和市场业绩。可知，财务柔性是影响企业绩效的重要因素。

财务柔性体现了企业资源配置策略，并进而影响企业绩效，主要体现在三个方面：首先，资源配置。财务柔性是企业进行资源配置的重要依据，为了避免陷入财务困境，保证企业的正常运转和良好运营，企业在进行资源配置时需要考虑财务柔性，并根据外部环境的变化迅速做出调整，以维持良好的财务运转。其次，融资成本。当企业受到融资约束时，财务柔性高的企业能够及时以低成本获取所需资金，避免企业资金链断裂，降低企业融资成本，进而提升企业绩效。最后，战略机会。财务柔性高有助于企业在适当的机会快速抓住发展机会，整合资源，增强实力，实现企业战略目标。由于财务柔性较低的企业具有较少的现金流和偏低的再融资能力，在遇到财务危机或者投资机会时，很难及时筹集大量现金度过危险期或者抓住机遇。所以，企业绩效对财务柔性有较强的敏感性，财务柔性是影响企业绩效的一个关键因素。据此，提出以下假设：

假设 8-1：控制其他因素不变，财务柔性与企业绩效呈显著正相关关系。即财务柔性越高，企业绩效表现越好。

（二）财务柔性、社会连带与企业绩效

与财务决策紧密相关的是社会连带，社会连带是企业构建外部关系的重要途径，用以获取企业所需资源。社会连带包括政治连带、商业连带、银行连带等，在中国非正式关系普遍存在的制度背景下，社会连带作为企业获取资源的重要影响因素日益受到关注。如一些学者重点研究了政治连带和企业绩效之间的关系（Boubakri et al.，2008；Faccio and Parsley，2009；杜兴强等，

2010；戴亦一等，2014）；部分学者重点研究了商业连带与企业绩效之间的关系（Lerner et al.，2011；Billett et al.，2011；Hackbarth and Mauer，2012；陈仕华、陈刚，2013；张娆，2014）；也有学者重点研究银行连带对企业绩效的影响（Burak et al.，2008；Ciamarra，2012；唐建新等，2011；邓建平、曾勇，2011；陈仕华、马超，2013）。一般而言，通过社会连带关系发挥的隐形沟通作用，能为企业争取丰富的社会资本和商业资源，但是，社会连带的建立与维系需要企业付出一定的时间和资源，增加企业的经营成本，影响企业绩效。

虽然学者对这两个领域做出了许多有益的研究，但是对这两方面的结合并没有给予充分的关注，相关的研究更是稀少。在我国特殊的制度背景下，非正式关系对于企业财务决策的影响是不容忽视的。因此，在考察财务柔性对企业绩效影响的基础上，检验社会连带是否对财务柔性与企业绩效之间关系产生影响，为优化企业的财务资源配置效率提供参考，对于企业进行财务决策和资源调配具有重要的启示意义。

站在资源的角度，内部财务资源与外部社会资源是企业资源的两大组成部分。财务资源的获取与保持体现为企业的财务柔性，财务柔性的不同直接影响企业的财务决策，进而影响企业的绩效和价值。企业社会资源的获取体现在企业与社会组织之间的联系，社会资源通过影响企业的资源配置对其财务决策产生影响，而财务决策变动的后果将体现在企业的短期绩效和长期绩效两个方面。从短期来看，社会连带的建立与维系需要企业投入一定的资源和精力，增加企业短期的运营成本，对企业的财务柔性造成一定冲击，并影响企业正常运营的投入，进而对企业绩效产生负面影响。从长期来看，社会连带能够影响企业的融资规模和融资成本，扩大融资规模有助于提高企业的财务柔性，降低企业资金链断裂的风险，在企业面临有利投资机会时，能够及时解决资金问题，从而为企业赢得宝贵的发展机遇；融资成本的减少降低了企业的经营成本，缓解因偿还借款本息带来的资金紧张，对财务柔性起到正向的提升作用。而且，社会连带可以为企业获取更多资源，如增加投资机会、获取政策优惠等，这些机会和信息可能对企业的未来发展产生重大影响。当企业通过社会连带获取投资机会时，可适当提高财务柔性的储备，以应对将要到来的发展机遇，赢得企业未来的发展空间，促进企业长期的价值创造。据此，提出以下假设：

假设8-2a：控制其他因素不变，短期来看，社会连带增加企业经营成本，削弱财务柔性对企业绩效的提升作用，即社会连带对财务柔性与会计绩效具有负向调节作用。

假设8-2b：控制其他因素不变，长期来看，社会连带给企业带来更多资源，与财务柔性发挥协同效应，增强财务柔性对长期绩效的提升作用，即社会连带对财务柔性与市场绩效具有正向调节作用。

第三节 研究设计

（一）样本选择与数据来源

本章以2007—2014年在沪深主板市场上市的A股企业为样本，经过以下程序的筛选：剔除数据缺失的企业；剔除性质特殊的金融类企业，剔除数据异常的企业。此外，为消除极端值对分析结果造成的偏差，对连续性变量进行1%和99%水平的缩尾处理。本章所使用的财务数据主要来源于CSMAR和CCER数据库，社会连带通过CSMAR高管简历进行手工整理，以及通过新浪网、金融界等网站进行补充。数据处理采用Stata12.0和Excel 2013。

（二）模型选择与变量定义

1. 财务柔性的测度方法

国内外文献对于财务柔性的获取和保持主要关注企业的内部储备资金和外源融资资金。具体到企业的财务政策，已有的研究文献主要集中在现金持有、资本结构和股利政策等三个方面。相应地，对财务柔性的界定可以从上述指标选择单一指标判定，或者多指标综合判定。比如将现金持有或者财务杠杆作为财务柔性的代理变量（Soenen，2003；Graham and Harney，2001；Brounen，

2004）；或者同时将现金持有和财务杠杆作为衡量标准，对企业财务柔性进行判定（Arslan et al.，2014；曾爱民等，2011，2013）。除此之外，也有一些研究认为财务柔性应当是对企业财务政策的综合考量，需要反映企业财务状况的多个财务指标，测度企业的财务柔性（马春爱，2010；Arslan et al.，2014）。

在我国，企业的信贷资金大部分来自银行借款，而股利政策比较特殊。因此，借鉴Arslan等（2014）和曾爱民等（2013）的研究，本章对于财务柔性的衡量主要采用现金持有和财务杠杆两个指标，这两个指标分别反映了企业内部储备资金的财务柔性和获取外部筹资能力的财务柔性，并对其进行单一判定和综合判定。具体做法为：将现金持有和财务杠杆分别进行行业平滑，分成两组，相应指标大于零的企业被界定为财务柔性高的企业，指标小于零的企业被界定为财务柔性低的企业。对于现金持有而言，企业的现金持有比率大于行业平均值说明企业的现金持有比率较高，对此界定为财务柔性更高。对于负债比率而言，负债比率越低，企业在遇到资金需求时越容易获取借款，即财务柔性越高。需要说明的是，为了指标和符号的可比一致性，将负债比率的差额取相反值，也就是负债比率低于行业平均负债比率的企业具有的财务柔性更高。当二者同时大于零，表明企业的资金储备和剩余负债能力更强，因此企业的财务柔性更高。

$$\text{财务柔性}=\begin{cases}\text{现金持有比率}-\text{行业平均现金持有比率}>0 & \text{CashF=1，否则为0}\\ -\text{（负债比率}-\text{行业平均负债比率）}>0 & \text{DebtF=1，否则为0}\\ \text{二者同时大于0} & \text{CDF=1，否则为0}\end{cases}$$

2. 社会连带的测度方法

CEO作为企业的关键领导者，其社会连带能够为企业带来稀缺信息和资源，比如获得政策优惠，获取有利投资机会，突破管制障碍，等等。借鉴张祥建等（2015），本章通过考察CEO的任职经历来衡量企业的社会连带，包括政治连带、商业连带和银行连带。采用赋值法对CEO政治连带进行测度，通过CEO是否曾经在相关政府部门有过任职经历衡量，包括人大、政协、政府机关、事业单位等，没有政治连带赋值为0，地方赋值为1，中央赋值为2，中央和地方的赋值为3。商业连带是企业与其商业生态圈联系与合作的重要途径，CEO的商业连带有助于企业之间交流与学习，促进资源共享和利用，从而改善企业绩效。CEO的商业连带通过CEO在其他企业兼职岗位的数量进行测度，没有兼职的赋值为0，1个兼职岗位的赋值为1，2个兼职岗位的赋值为2，3个及3个以上兼职岗位的赋值为3。银行连带是企业与银行联系的最直接相关的途径，通过CEO是否曾经在银行有过任职经历进行衡量，有为1，没有为0。社会连带将政治连带、商业连带和银行连带综合考察，将三者进行加总再求均值，即得到社会连带。另外，采用社会连带中位数设置虚拟变量进行稳健性检验。

（三）研究模型

为了检验以上假设，本章以企业绩效指标作为因变量，用财务柔性作为解释变量，构建模型（8-1），以检验财务柔性对企业绩效的影响；以企业绩效作为因变量，用财务柔性和社会连带及二者交乘项作为解释变量，构建模型（8-2），以检验财务柔性和社会连带对企业绩效的影响。模型（8-1）和模型（8-2）中*Performance*表示企业绩效，包括短期会计绩效和长期市场绩效，会计绩效采用*ROA*衡量，市场绩效采用托宾Q进行衡量。*Dummy*表示财务柔性，即前面提到的包括现金持有、财务杠杆以及二者相结合的三种度量方法。*tie*表示社会连带，包括政治连带、商业连带和银行连带。同时，加入了一些控制变量，包括企业规模、财务杠杆、经营现金流、最终控制人类型、股权结构、年份和行业等（见表8-1）。

$$Performance=\alpha_0+\alpha_1 Dummy+\alpha_2 SIZE+\alpha_3 LEV+\alpha_4 CFO+\alpha_5 SEO+\alpha_6 Shrcr1+\alpha_7 Shrhfd5+\sum year+\sum IND+\varepsilon \quad (8\text{-}1)$$

$$Performance=\alpha_0+\alpha_1 Dummy+\alpha_2 tie+\alpha_3 Dummy\times tie+\alpha_4 SIZE+\alpha_5 LEV+\alpha_6 CFO+\alpha_7 SEO+\alpha_8 Shrcr1+\alpha_9 Shrhfd5+\sum year+\sum IND+\varepsilon \quad (8\text{-}2)$$

表8-1 变量定义及测度方法

变量类型	变量名称	变量代码	测度方法
被解释变量	总资产收益率	*ROA*	总资产收益率＝净利润 ÷ 年末总资产
	托宾Q	*TOBIN*	（流通股市值＋非流通股账面价值＋负债账面价值）÷ 资产账面价值

续表

变量类型	变量名称	变量代码	测度方法
解释变量	财务柔性	*CashF*	现金灵活性高的企业取值为 1，对照组取 0
		DebtF	负债灵活性高的企业取值为 1，对照组取 0
		CDF	同时具备现金灵活性高和负债灵活性高的企业取值为 1，对照组取 0
	社会连带	*tie*	将政治连带、商业连带和银行连带进行加总再求均值
控制变量	企业规模	*SIZE*	企业规模＝ln（年末总资产）
	财务杠杆	*LEV*	财务杠杆＝总负债 / 年末总资产
	经营现金流	*CFO*	经营现金流＝经营活动现金流净额 ÷ 期初总资产
	大股东控制度	*Shrcr1*	第一大股东持股比例
	Herfindahl_5 指数	*Shrhfd5*	前 5 大股东持股比例平方和
	最终控制人类型	*SEO*	国有企业控制时取值为 1，否则为 0
	年度	*year*	样本企业年度在 2007—2014 年，共包括 8 个年度，取 7 个哑变量
	行业	*IND*	根据证监会 2012 年的《行业分类指引》，设置行业虚拟变量

第四节　实证结果及相关分析

（一）描述性统计

从表8-2的描述性统计可以看出，企业的会计绩效*ROA*均值为0.045，标准差为0.057，最小值-0.148，最大值0.242，表明不同企业之间会计绩效存在一定的差距；企业的市场绩效*TOBIN*的均值为2.096，标准差为1.707，最小值为0.216，最大值为9.652，即不同企业的市场绩效差异较大。企业财务柔性按照三个标准设置虚拟变量。社会连带的均值为0.663，最小值为0，最大值为3，标准差为0.647，表明不同企业之间社会连带程度有较大差异。

表8-2　全样本描述性统计

变量名	N	均值	中位数	标准差	最小值	最大值
ROA	13440	0.045	0.039	0.057	−0.148	0.242
TOBIN	13997	2.096	1.624	1.707	0.216	9.652
CashF	14591	0.500	1	0.500	0	1
DebtF	14591	0.500	1	0.500	0	1
CDF	14591	0.334	0	0.472	0	1
tie	14591	0.663	0.500	0.647	0	3
SIZE	14591	21.65	21.53	1.152	19.20	24.91
LEV	14591	0.440	0.442	0.218	0	1
CFO	14591	0.042	0.042	0.088	−2.282	0.892
SEO	14591	0.437	0	0.496	0	1
*Shrcr*1	14590	0.366	0.347	0.154	0.022	0.894
*Shrhfd*5	14590	0.175	0.146	0.123	0	0.800

（二）相关性分析

通过表8-3对回归模型各变量的相关性分析，可以看出，各变量的相关系数绝对值较小，除个别系数外，各变量之间的相关系数基本上均小于0.5，说明不存在严重的多重共线性问题。

表8-3　各变量的Pearson相关系数

变量	*CashF*	*DebtF*	*CDF*	*tie*	*SIZE*	*LEV*	*CFO*	*SEO*	*Shrcr*1	*Shrhfd*5
CashF	1									
DebtF	0.334	1								
CDF	0.708	0.708	1							
tie	−0.002	0.004	−0.007	1						
SIZE	−0.131	−0.359	−0.283	−0.105	1					
LEV	−0.326	−0.777	−0.625	0.0367	0.445	1				
CFO	0.099	0.089	0.099	0.043	0.016	−0.107	1			
SEO	−0.140	−0.213	−0.215	0.034	0.329	0.307	0.05	1		

续表

变量	*CashF*	*DebtF*	*CDF*	*tie*	*SIZE*	*LEV*	*CFO*	*SEO*	*Shrcr1*	*Shrhfd5*
Shrcr1	0.027	–0.021	0.011	0.036	0.262	0.042	0.061	0.164	1	
Shrhfd5	0.045	0.004	0.035	0.035	0.261	0.011	0.064	0.123	0.963	1

（三）回归结果分析

表8–4是财务柔性对企业绩效的回归结果，会计绩效采用*ROA*进行衡量[模型（8–1）]，市场绩效采用*TOBIN*进行衡量[模型（8–2）]。从表8–4的回归结果来看，模型（8–1）中财务柔性指标均与*ROA*呈正相关关系，并在1%的水平上显著，表明财务柔性对会计绩效具有促进作用。模型（8–2）中财务柔性与市场绩效*TOBIN*在1%水平上显著正相关，且系数更大，表明财务柔性对市场绩效具有显著的提升作用，且提升程度更高。原因在于财务柔性高的企业应对财务风险能力较强，能够降低企业面临的融资约束，同时更有利于抓住投资机会，最终提升企业绩效。回归结果验证了假设8–1。

控制变量均表现出对企业绩效的显著作用。企业规模与会计绩效*ROA*的相关系数在1%水平上显著为正，表明企业规模越大会计绩效表现越好，这与大多数文献研究结果一致（如Li et al.，2008；张祥建等，2015；曾爱民等，2013等）；企业规模与市场绩效*TOBIN*在1%水平上显著为负，可能的原因在丁相对小规模企业而言，大企业成长潜力更小，企业规模越小在资本市场上表现越好，这个结论与多数文献研究结果一致（如李健等，2012；雷光勇等，2009；罗党论、黄琼宇，2008；等等）。财务杠杆与企业绩效显著负相关，说明负债越高可能会越损害企业绩效，这与张祥建等（2015）、雷光勇等（2009）结果一致。自由现金流与企业绩效具有显著正相关关系，表明现金流越充裕越能够降低融资约束，越有助于提升企业绩效，研究结果与张祥建等（2015）一致。最终控制人类型与企业绩效显著负相关，这与曾爱民（2013）统计分析结果一致。第一大股东持股比例越高对企业绩效有不利影响，研究结果与雷光勇等（2009）、罗党论和黄琼宇（2008）结果一致。股权集中度与企业绩效正相关，说明对企业有提升作用，这与曾爱民等（2013）研究结果一致。

表 8-4　财务柔性与企业绩效回归结果

Panel A 会计绩效				Panel B 市场绩效			
因变量	*CashF*	*DebtF*	*CDF*	因变量	*CashF*	*DebtF*	*CDF*
ROA	Model1	Model2	Model3	*TOBIN*	Model4	Model5	Model6
cons	−0.154*** (−15.68)	−0.156*** (−15.33)	−0.160*** (−16.21)	*cons*	16.533*** (64.88)	16.432*** (62.70)	16.414*** (64.09)
CashF	0.010*** (10.64)			*CashF*	0.094*** (4.08)		
DebtF		0.005*** (3.38)		*DebtF*		0.105*** (2.85)	
CDF			0.012*** (10.39)	*CDF*			0.177*** (5.92)
SIZE	0.011*** (23.61)	0.011*** (23.75)	0.011*** (23.89)	*SIZE*	−0.581*** (−48.51)	−0.580*** (−48.33)	−0.580*** (−48.41)
LEV	−0.099*** (−39.89)	−0.096*** (−25.65)	−0.089*** (−31.12)	*LEV*	−1.753*** (−27.40)	−1.621*** (−16.94)	−1.575*** (−21.07)
CFO	0.148*** (29.84)	0.153*** (30.70)	0.150*** (30.18)	*CFO*	1.674*** (12.66)	1.710*** (12.96)	1.677*** (12.70)
SEO	−0.012*** (−12.83)	−0.013*** (−13.43)	−0.013*** (−12.96)	*SEO*	−0.099*** (−4.01)	−0.107*** (−4.34)	−0.097*** (−3.94)
*Shrcr*1	−0.000*** (−3.16)	−0.000*** (−3.15)	−0.000*** (−3.20)	*Shrcr*1	−0.021*** (−7.79)	−0.021*** (−7.81)	−0.021*** (−7.80)
*Shrhfd*5	0.079*** (5.97)	0.080*** (6.06)	0.079*** (6.01)	*Shrhfd*5	3.233*** (9.75)	3.256*** (9.82)	3.226*** (9.74)
IND	Yes	Yes	Yes	*IND*	Yes	Yes	Yes
year	Yes	Yes	Yes	*year*	Yes	Yes	Yes
N	13440	13440	13440	N	13997	13997	13997
F	127.39	123.91	127.21	F	288.91	288.53	289.74

注：括号中为 t 值；*** 表示在 1% 水平上显著（双尾）。

表 8-5 是财务柔性、社会连带与企业绩效的回归结果。从模型（8-1）的回归结果来看，财务柔性与 *ROA* 在 5% 的水平上呈显著正相关关系，表明财务柔性有助于提升企业的会计绩效。社会连带与企业绩效在 1% 水平上呈显著负相关关系，表明社会连带对企业绩效起到负面作用。原因可能在于社

会连带的建立与维系需要企业投入一定的时间和成本，对企业绩效造成负面冲击。社会连带与财务柔性的交乘项系数显著为正，说明企业的社会连带与财务柔性融合能够显著提高会计绩效，但其交乘项的系数均小于财务柔性的系数，表明社会连带影响了财务柔性对会计绩效的提升效应，对二者起到负向调节作用，从而验证了假设8-2a。对于市场绩效*TOBIN*而言，模型（8-2）中财务柔性指标对市场绩效*TOBIN*系数为正，但不再显著。社会连带与财务柔性的交乘项系数在1%水平上显著为正，且远大于财务柔性的系数，表明财务柔性与社会连带发挥协同效应，促进企业的市场绩效，即社会连带对财务柔性与市场绩效起到正向调节作用，假设8-2b得到验证。同时，财务柔性与社会连带交乘项系数的数量级远大于对会计绩效的回归系数，表明企业的财务柔性与社会连带对企业的市场绩效的提升效应更高。原因可能在于企业的财务柔性越高，社会连带越强，企业应对外部不确定因素的能力越强，有条件拓展业务以及进行新的投资，更有利于企业长期的价值创造。

表8-5 财务柔性、社会连带与企业绩效回归结果

Panel A 会计绩效				Panel B 市场绩效			
因变量	*CashF*	*DebtF*	*CDF*	因变量	*CashF*	*DebtF*	*CDF*
ROA	Model1	Model2	Model3	*TOBIN*	Model4	Model5	Model6
cons	-0.149^{***} （-15.10）	-0.151^{***} （-14.80）	-0.155^{***} （-15.62）	*cons*	16.605^{***} （64.82）	16.552^{***} （62.86）	16.512^{***} （64.21）
CashF	0.008^{***} （6.18）			*CashF*	0.007 （0.23）		
CF × tie	0.003^{**} （2.25）			*CF × tie*	0.132^{***} （3.98）		
DebtF		0.004^{**} （2.13）		*DebtF*		-0.027 （-0.63）	
DF × tie		0.002 （1.46）		*DF × tie*		0.192^{***} （5.82）	
CDF			0.010^{***} （6.47）	*CDF*			0.037 （0.96）
CDF × tie			0.004^{***} （2.68）	*CDF × tie*			0.210^{***} （5.96）

续表

Panel A 会计绩效				Panel B 市场绩效			
因变量	*CashF*	*DebtF*	*CDF*	因变量	*CashF*	*DebtF*	*CDF*
ROA	Model1	Model2	Model3	*TOBIN*	Model4	Model5	Model6
tie	−0.005*** （−4.43）	−0.004*** （−3.96）	−0.004*** （−4.56）	*tie*	−0.062** （−2.28）	−0.096*** （−3.48）	−0.067*** （−2.70）
SIZE	0.011*** （23.57）	0.011*** （23.72）	0.011*** （23.84）	*SIZE*	−0.583*** （−48.62）	−0.582*** （−48.53）	−0.582*** （−48.60）
LEV	−0.098*** （−39.82）	−0.096*** （−25.59）	−0.089*** （−31.09）	*LEV*	−1.752*** （−27.38）	−1.635*** （−17.09）	−1.578*** （−21.13）
CFO	0.148*** （29.77）	0.152*** （30.63）	0.149*** （30.11）	*CFO*	1.674*** （12.66）	1.713*** （12.99）	1.684*** （12.77）
SEO	−0.013*** （−13.11）	−0.013*** （−13.71）	−0.013*** （−13.25）	*SEO*	−0.099*** （−4.02）	−0.109*** （−4.42）	−0.098*** （−3.96）
*Shrcr*1	−0.000*** （−3.23）	−0.000*** （−3.20）	−0.000*** （−3.30）	*Shrcr*1	−0.021*** （−7.86）	−0.021*** （−7.84）	−0.021*** （−7.93）
*Shrhfd*5	0.080*** （6.10）	0.081*** （6.15）	0.081*** （6.16）	*Shrhfd*5	3.258*** （9.83）	3.277*** （9.89）	3.267*** （9.87）
IND	Yes	Yes	Yes	*IND*	Yes	Yes	Yes
year	Yes	Yes	Yes	*year*	Yes	Yes	Yes
N	13440	13440	13440	N	13997	13997	13997
F	121.95	118.54	121.84	F	276.11	276.52	277.76

注：括号中为 t 值；***、** 分别表示在 1%、5% 水平上显著（双尾）。

综合以上分析，财务柔性对企业绩效具有正向提升效应，包括会计绩效和市场绩效。而社会连带对财务柔性与会计绩效和市场绩效的影响并不一致，社会连带对财务柔性与会计绩效发挥负向调节作用，而对财务柔性与市场绩效起到正向提升作用。原因可能在于社会连带本身并不能提升企业绩效，甚至会因增加经营成本而对企业的短期绩效造成损害，只有将社会连带与企业资源和财务决策相结合，与财务柔性发挥协同效应，才能给企业带来长期收益并最终提升企业价值。

第五节 稳健性检验

为增强结论的稳健性，减少研究偏误，本章进行了以下稳健性检验：①变换财务柔性企业的选择标准。财务柔性企业的界定，采用百分位法增强了研究的客观性，但也存在阈值选择的问题。有些研究采用20%的分位数划分财务保守企业（即负债财务柔性企业）（Minton and Wruck，2001；赵蒲、孙爱英，2004），有些研究选择30%的分位数划分财务柔性企业（曾爱民等，2013）。不同的阈值选择得到的研究样本不同，可能会导致不同的研究结果。为此，本章选择20%、30%、40%的判定阈值，结果与本章结论并无实质性差异。②变换社会连带的度量方法。对于社会连带指标的衡量，采用中位数分组进行稳健性检验，社会连带高于中位数取值为1，低于中位数取值为0，重新进行回归。实证结果发现，社会连带在财务柔性与会计绩效之间具有负向调节作用，在财务柔性与市场绩效之间具有显著的正向促进作用。因此，检验结果基本保持一致。③改变样本期间。考虑到金融危机可能会对企业财务柔性产生影响，本章剔除了金融危机时期（2007年和2008年）之后的样本期间（2009—2014年），重新对以上假设进行回归，实证结果与本章结论保持高度一致。④基于国有企业和非国有企业的分组检验。考虑到国有企业的特殊性，将样本分为国有企业和非国有企业两类，分组检验社会连带对财务柔性与企业绩效之间关系的影响。实证结果发现，无论是国有企业还是非国有企业，以上的检验结果均保持高度一致。⑤基于企业生命周期的分组检验。财务柔性与社会连带会受到企业生命周期的影响。当企业处于成长期时，需要大量资金扩大规模发展业务，以及抓住有利时机开拓市场，需要企业保持较高的财务柔性；当企业进入成熟期，具有一定的竞争优势，市场比较稳定，需要寻找新的利润增长点或投资机会；随着企业进入衰退期，业务萎缩，盈利能力也会下降。根据销售收入增长率的30%和70%分位点将样本企业划分为成长期、成熟期和衰退期三组进行分析。分析结果表明，对于会计绩效ROA，在企业成熟期和衰退期，社会连带对财务柔性与会计绩效起到负向调节作用；对于市场绩效TOBIN，无论是成长期、成熟期还是衰退期的企业，社会连带对财务柔性与会计绩效始终起到显著的正向提升作用。因此，检验结果与本章结论保持一致。

第六节　本章小结

本章从资源配置的角度研究财务柔性与社会连带对企业绩效的影响，分别对短期会计绩效和长期市场绩效进行检验和分析。研究发现：第一，财务柔性对企业的会计绩效和市场绩效具有显著的正向提升作用。第二，社会连带在财务柔性与会计绩效之间具有显著的负向调节作用，在财务柔性与市场绩效之间具有显著的正向调节作用。原因可能在于社会连带本身并不能提升企业绩效，甚至会因为增加经营成本而对企业短期绩效产生损害；但是，从长期来看，社会连带与财务柔性相结合，发挥内外资源的联动作用，产生协同效应，能够提升企业的长期绩效。因此，本章假说均得到实证检验的支持。

本章的研究丰富了财务柔性与社会连带和企业绩效之间关系的理论研究，对在我国新兴市场非正式关系普遍存在的制度背景下进行财务决策研究具有重要的启示意义。当下，企业面临的外部环境变幻莫测，不确定性日益加剧，既可能给企业带来巨大的经营风险和负面冲击，也可能带来有利的投资机遇；相应地，企业掌控的资源以及应对风险的灵活性在未来发展中越发重要。因此，企业在进行财务决策时必须把财务柔性作为重要的考虑因素。长远来看，社会连带能够给企业带来大量的信息和资源，降低经营风险，促进企业的长期发展。双管齐下，发挥财务柔性与社会连带的协同效应，以增强企业应对不确定环境的反应和预防能力，才能更好地实现企业的长期价值创造。因此，对于提升企业财务决策和调配资源具有重要的实践指导意义。

第九章　研究结论与研究展望

本研究以柔性理论、不确定性理论和资源理论以及企业财务理论为基础，从我国制度背景出发，研究财务柔性价值、社会连带与企业财务行为之间的关系。本章在前文研究的基础上，归纳和总结研究结论，提出研究启示，并展望未来研究方向。

第一节　研究结论

多位学者对财务经理的调查研究发现，财务柔性是影响企业财务决策的重要因素（Graham and Harvey，2001；Bancel and Mittoo，2004；Brounen et al.，2006）。因而，制定财务决策行为时需要基于对现实能力和潜在能力的分析，对企业财务状况进行综合评判。财务柔性价值从资本市场的角度，反映了投资者对企业财务柔性的评价，影响企业财务行为的选择。与西方国家的社会文化和特征具有显著差异，我国“关系型”社会特征较为明显，并已深入了社会的方方面面，错综复杂的关系盘绕在企业发展的各个阶段，由此给企业带来的资源和成本是企业在进行财务决策行为时必须权衡的客观因素。国外研究结论未必适合我国。为此，基于中国背景的研究必然要重视企业的社会连带关系对财务柔性价值与企业财务行为的影响，这也正是本研究的出发点。

基于此，本书以我国2007—2014年在沪深主板市场上市的A股企业为研究样本，对财务柔性价值、社会连带和企业财务行为进行研究，得出以下结论：

第一，财务柔性价值的有效度量是进行财务柔性研究首要解决的问题，同时，也是财务柔性研究中的一个难点。已有研究往往侧重于强调财务柔性的水平及其对企业财务决策的影响。但实际上，财务柔性水平既是制定财务决策的考虑因素，也是既定财务决策的结果体现，所以，既有衡量指标未能有效地解决内生性问题。因此，本书在借鉴Gamba和Traintis（2008）理论框架的基础上，分析企业财务柔性价值的影响因素，构建衡量财务柔性价值的度量指标，从股东角度对企业财务柔性价值做出客观评价，从而尽量避免直接采用财务柔性水平度量产生的内生性问题，并对预测企业财务行为提供更为客观的经验证据。

第二，本书考察了财务柔性价值对企业现金持有行为的影响，并检验社会连带是否对二者关系产生影响，考虑产权性质和市场环境会对企业产生影响，进一步分析不同情况下这种差异是否发生变化。OLS回归和固定效应回归均发现，财务柔性价值与现金持有水平呈显著正相关关系，即财务柔性价值高的企业会采取提高企业现金持有的行为。财务柔性价值与社会连带的交互项系数显著为负，表明社会连带反向调节了财务柔性价值与现金持有的影响。进一步地，对产权性质和制度环境进行分组检验后发现，国有企业中社会连带对财务柔性价值与现金持有的调节效应更强。制度环境较差地区的企业社会连带对财务柔性价值与现金持有发挥显著的调节效应。

第三，本书分析了财务柔性价值对企业负债融资行为的影响，考虑这种影响在不同社会连带程度的企业中是否表现不同，进一步分析，在不同企业产权性质和不同市场环境的情况下，这种影响是否存在差异。通过实证检验发现，财务柔性价值与企业负债水平显著负相关，即财务柔性价值高的企业会采取降低企业负债融资的行为。财务柔性价值与社会连带的交互项的回归系数显著为负，表明社会连带对财务柔性价值与负债融资行为发挥了显著的调节效应。进一步分析发现，相比国有企业，非国有企业社会连带对财务柔性价值与负债融资行为的调节效应更强。相对于制度环境好的地区，在制度环境差的地区，企业社会连带对财务柔性价值与负债融资行为发挥显著的调节效应。

第四，本书研究了财务柔性价值对企业股利支付行为的影响，并分析社会连带对这种关系的影响，进一步分析在不同企业产权性质和制度环境下的这种调节效应的影响是否存在差异。实证检验结果发现，财务柔性价值与股利支付显著负相关，即财务柔性价值高的企业更倾向于减少股利支付。财务柔性价值与社会连带对股利支付的交互项系数显著为正，表明社会连带对财务柔性价值与股利支付发挥反向调节效应，削弱了财务柔性价值对股利支付行为的影响。按企业产权性质进行分组检验发现，相比非国有企业，国有企业社会连带对财务柔性价值与股利支付行为发挥了更显著的调节效应，且该调节效应只存在于国有企业样本中。按制度环境进行分组检验发现，相对于制度环境好的地区，制度环境差的地区的企业社会连带对财务柔性价值与股利支付行为发挥更显著的调节效应。

第五，本书研究了财务柔性价值对企业研发支出的影响，并考察社会连带对于二者之间的关系是否存在影响，进一步分析在不同企业产权性质和制度环境下的该调节效应是否存在差异。实证检验结果发现，财务柔性价值与企业研发支出显著负相关，即财务柔性价值高的企业更倾向于降低研发支出。财务柔性价值与社会连带的交互项的回归系数显著为负，表明社会连带对财务柔性价值与研发支出发挥了显著的调节效应。进一步分析发现，相比非国有企业，国有企业中社会连带对财务柔性价值与研发支出行为的调节效应更显著。相对于制度环境好的地区，在制度环境差的地区企业社会连带对财务柔性价值与研发支出发挥了显著的调节效应。

第六，本书研究了财务柔性与社会连带对企业绩效的影响。研究发现，财务柔性水平对企业绩效具有显著的正向提升作用；社会连带对财务柔性水平与会计绩效具有显著的负向调节作用，对财务柔性水平与市场绩效具有显著的正向调节作用。本书的研究丰富了财务柔性与社会连带对企业绩效影响的理论，对于提升企业财务决策和调配资源具有重要的实践指导意义。

第二节 研究启示

财务行为决策是企业财务研究的重要内容，而现金持有、负债融资、股利支付与研发支出是企业财务行为的重要问题，也是学者们一直关注和研究的重点。虽然理论界已取得了一定的研究进展和研究成果，如权衡理论、优序融资理论、代理理论、股利迎合理论等。然而，这些理论却忽略了财务柔性对财务行为的影响。随着实务界对财务柔性的重视程度不断提升，财务柔性业已成为企业财务研究的热点，但仍需进一步考察文化背景和制度环境对企业行为的影响。因此，本研究基于我国的制度环境，展开财务柔性价值与企业社会连带对财务行为影响的研究。

在我国新兴市场非正式关系普遍存在的制度背景下，本书丰富了财务柔性价值与社会连带和企业财务行为之间关系的理论研究，对于研究企业财务行为具有重要的启示意义。当下，企业面临的外部环境变幻莫测，不确定性日益加剧，既可能给企业带来巨大的负面冲击，也可能带来有利的投资机遇，而企业掌控资源的能力以及应对风险的灵活性在未来发展中越发重要。因此，企业在进行财务决策时必须把财务柔性价值作为重要的考量因素。另外，社会连带作为企业与外界联系的重要途径，能够给企业带来大量的资源，降低经营风险，促进企业的长期发展。因此，迫切需要将社会连带纳入财务柔性价值与财务行为的关系的研究中。本研究对此进行初步尝试，研究结论对提升企业财务决策行为效率和资源调配效益具有重要的实践指导意义。

第三节 研究展望

影响企业财务行为的因素很多，财务柔性尤其重要。在我国特殊的制度背景下，本书基于财务柔性价值的视角展开对财务行为的研究，并探讨社会连带对其发挥的调节效应。但是，社会连带对财务柔性价值与财务行为关系的影响比较复杂，本书的研究结论可能只在一定条件背景下成立和有效，随着制度环境的发展与完善，结论可能发生新的变化。受限于笔者的研究能力和时间因素，尚有许多问题有待进一步深入探讨。

第一，财务柔性研究的重点和难点是财务柔性的度量，如何设计客观有效的度量方法是进行财务柔性研究的前提和基础。目前对于财务柔性度量的研究并未取得一致结论，对于财务柔性的度量方法还在不断探索和改进中，这也是财务柔性在未来研究中需要解决的重要问题。未来可考虑采用不同数据结合不同方法进行研究，如采用调查问卷方法对财务柔性进行度量。

第二，有关财务柔性与企业财务行为之间关系研究有待加强并深入。尽管对财务经理的调查结果表明财务柔性是企业进行财务决策的关键因素，但是相关研究理论和研究框架不够成熟，其内在作用机理和路径有待更深入的探索。同时，有关财务行为之间的相互影响和相互作用仍需进一步研究。

第三，进一步开展更多创新性研究。对于财务柔性与企业财务行为的研究已经取得部分成果，但是结合中国特色制度背景的研究话题和内容还比较欠缺，未来可基于我国制度背景和文化环境进行创新性研究，丰富企业财务行为的研究内容。

参考文献

［1］边燕杰，丘海雄. 企业的社会资本及其功效[J]. 中国社会科学，2000（2）：87–99.

［2］陈冬华. 地方政府、企业治理与补贴收入[J]. 财经研究，2003（9）：16–22.

［3］陈倩倩，尹义华. 民营企业、制度环境与社会资本——来自上市家族企业的经验证据[J]. 财经研究，2014（11）：71–81.

［4］陈仕华，姜广省，卢昌崇. 董事联结、目标企业选择与并购绩效[J]. 管理世界，2013（12）：117–132.

［5］陈仕华，马超. 高管金融联结背景的企业贷款融资[J]. 改革，2013（4）：111–119.

［6］陈仕华，马超. 企业间高管联结与慈善行为一致性[J]. 管理世界，2011（12）：87–95.

［7］陈运森，谢德仁. 网络位置、独立董事治理与投资效率[J]. 管理世界，2011（7）：113–127.

［8］陈运森，谢德仁. 董事网络、独立董事治理与高管激励[J]. 金融研究，2012（2）：168–182.

［9］戴亦一，潘越，冯舒. 中国企业的慈善捐赠是一种"政治献金"吗？[J]. 经济研究，2014（2）：74–86.

［10］邓建平，曾勇. 金融生态环境、银行关联与债务融资——基于我国民营企业的实证研究[J]. 会计研究，2011（12）：33–40.

［11］邓建平，曾勇.政治关联能改善民营企业的经营绩效吗[J].中国工业经济，2009（2）：98–108.

［12］邓建平，陈爱华.金融关联能否影响民营企业的薪酬契约？[J].会计研究，2015（9）：52–58.

［13］杜兴强，陈韫慧，杜颖洁.寻租、政治连带与真实业绩：基于民营上市企业的经验证据[J].金融研究，2010（10）：135–157.

［14］杜兴强，郭剑花，雷宇.政治连带方式与民营上市企业业绩："政府干预"抑或"关系"？[J].金融研究，2009（11）：158–173.

［15］樊纲，王小鲁，朱恒鹏.中国市场化指数[M].北京：经济科学出版社，2011.

［16］高宇，高山行.企业战略导向与管理者社会资本的交互作用机制研究[J].科学学与科学技术管理，2010（4）：149–155.

［17］高宇，高山行，沈灏.合作方技术获取对企业绩效的作用机制研究[J].科研管理，2011（9）：108–116.

［18］葛家澍，占美松.企业财务报告分析必须着重关注的几个财务信息[J].会计研究，2008（5）：3–9.

［19］顾乃康，万小勇，陈辉.财务弹性与企业投资的关系研究[J].管理评论，2011，23（6）：115–121.

［20］韩鹏.财务弹性、财务杠杆与企业价值[J].理论月刊，2010（4）：157–160.

［21］胡旭阳.民营企业家的政治身份与民营企业的融资便利[J].管理世界，2006（5）：107–113.

［22］姜国华，饶品贵.宏观经济政策与微观企业行为[J].会计研究，2011（3）：9–18.

［23］姜鹏，王文忠，雷光勇.政治冲击、不确定性与企业现金持有[J].南开管理评论，2015（4）：130–138.

［24］李瑶，刘益，刘婷.管理者社会联系与企业创新绩效[J].科学管理研究，2013（11）：101–104.

［25］刘婷，李纲.管理者社会联系、企业网络能力与创新绩效[J].科学管理

研究，2012（8）：75-78.

［26］卢昌崇，陈仕华.断裂联结重构：连锁董事及其组织功能[J].管理世界，2009（5）：152-165.

［27］罗党论，刘晓龙.政治关系、进入壁垒与企业绩效[J].管理世界，2009（5）：97-106.

［28］罗党论，唐清泉.政治关系、社会资本与政策资源获取[J].世界经济，2009（7）：84-96.

［29］罗党论，甄丽明.民营控制、政治关系与企业融资约束[J].金融研究，2008（12）：164-178.

［30］吕长江，周县华.企业治理结构与股利分配动机——基于代理成本和利益侵占的分析[J].南开管理评论，2005（3）：9-17.

［31］马春爱.企业财务弹性指数的构建及实证分析[J].系统工程，2010（10）：61-66.

［32］潘越，戴亦一，李财喜.政治关联与财务困境企业的政府补助[J].南开管理评论，2009（5）：6-17.

［33］唐建新，卢剑龙，余明桂.银行关系、政治连带与民营企业贷款——来自中国民营上市企业的经验证据[J].经济评论，2011（3）：51-58.

［34］田利辉，张伟.政治关联影响我国上市企业长期绩效的三大效应[J].经济研究，2013（11）：71-86.

［35］万伦来，达庆利.企业柔性的本质及其构建策略[J].管理科学学报，2003（4）：89-94.

［36］王娟.政治关联、制度环境与现金持有水平关系研究——基于A股上市企业面板数据的分析[J].商业时代，2013（1）：68-69.

［37］王志强，张玮婷.上市企业财务柔性、再融资期权与股利迎合策略研究[J].管理世界，2012（7）：151-163.

［38］魏明海，柳建华.国企分红、治理因素与过度投资[J].管理世界，2007（4）：88-95.

［39］吴文锋，吴冲锋，刘晓薇.中国民营上市企业高管政府背景与企业价值[J].经济研究，2008（7）：130-141.

［40］吴文锋，吴冲锋，芮萌.中国上市企业高管的政府背景与税收优惠[J].管理世界，2009（3）：134-142.

［41］谢言，高山行，江旭.外部社会联系能否提升企业自主创新？[J].科学学研究，2010（5）：776-784.

［42］徐二明，衣凤鹏.上市企业连锁董事对社会绩效的影响[J].经济管理，2014（6）：44-56.

［43］徐莉萍，辛宇，陈工孟.控股股东的性质与企业经营绩效[J].世界经济，2006（10）：78-89.

［44］杨汉明，刘广瑞，向伶双.制度环境、国企分红与企业价值关系的实证检验[J].统计与决策，2013（9）：159-162.

［45］余明桂，潘红波.政治关系、制度环境与民营企业银行贷款[J].管理世界，2008（8）：9-21.

［46］余明桂，回雅甫，潘红波.政治连带、寻租与地方政府财政补贴有效性[J].经济研究，2010（3）：65-77.

［47］曾爱民，傅元略，魏志华.金融危机冲击、财务柔性价值储备和企业融资行为[J].金融研究，2011（10）：155-169.

［48］曾爱民，张纯，魏志华.金融危机冲击、财务柔性价值储备和企业投资行为[J].管理世界，2013（4）：107-120.

［49］曾三云，刘文军，龙君.制度环境、CEO背景特征与现金持有量[J].山西财经大学学报，2015（4）：57-66.

［50］翟胜宝，易旱琴，郑洁，唐玮，曹学勤.银企关系与企业投资效率——基于我国民营上市企业的经验证据[J].会计研究，2014（4）：74-80.

［51］张玮婷，王志强.地域因素如何影响企业股利政策："替代模型"还是"结果模型"？[J].经济研究，2015（5）：155-163.

［52］张祥建，徐晋，徐龙炳.高管精英治理模式能够提升企业绩效吗？[J].经济研究，2015（3）：76-88.

［53］赵华，张鼎祖.企业财务柔性价值的本原属性研究[J].会计研究，2010（6）：62-69.

［54］赵蒲，孙爱英.财务保守行为：基于中国上市企业的实证研究[J].管理

世界，2004（11）：109-118.

［55］周心春.财务弹性、风险预防与经营绩效[J].财会通讯，2012（8）：28-29.

［56］Adhikari A，Derashid C，Zhang H .Public policy，political connections，and effective tax rates：longitudinal evidence from Malaysia [J].Journal of Accounting and Public Policy，2006，25（5）：574-595.

［57］Almeida H，Campello M，Weisbach M S. The cash flow sensitivity of cash [J]. The Journal of Finance，2004，59（4）：1777-1804.

［58］Almeida H M，Campello M S. Weisbach，Corporate Financial and Investment Policies When Future Financing Is Not Frictionless [J]. Journal of Corporate Finance，2011，17（3）：675-693.

［59］Arslan ö，Florackis C，Ozkan，A. How and Why Do Firms Establish Financial Flexibility？ [R]. Working Paper，2008.

［60］Arslan ö，Florackis C，Ozkan A. Financial flexibility，corporate investment and performance：evidence from financial crises [J]. Review of Quantitative Finance and Accounting，2014，42（2）：211-250.

［61］Ashby R. An Introduction to Cybernetics[M]. Chapman and HallLtd and University Paperbacks，London，UK. 1964.

［62］Bai C E，Lu J，Tao Z. The multitask theory of state enterprise reform：empirical evidence from China [J]. The American Economic Review，2006，96（2）：353-357.

［63］Bancel F，Mittoo U. Cross-country Determinants of Capital Structure Choice：a Survey of European Firms [J]. Financial Management，2004，33（4）：103-132.

［64］Barney J A C，Dobbin F. Firm Resources and Sustainable Competitive Advantage [J].Journal of Management，1991（17）：99-120.

［65］Baum C F，Schäfer D，Talavera O. The Effects of Industry-Level Uncertainty on Cash Holdings：The Case of Germany [R]. Boston College Working Papers in Economics，2006.

[66] Biddle G C, Hilary G, Verdi R S. How does financial reporting quality relate to investment efficiency? [J]. Journal of Accounting and Economics, 2009, 48 (2-3): 112-125.

[67] Billett M T, Garfinkel J A, Jiang Y. The influence of governance on investment: Evidence from a hazard model [J]. Journal of Financial Economics, 2011, 102 (3): 643-670.

[68] Billett M T, Garfinkel J A. Financial Flexibility and the Cost of External Finance for U.S. Bank Holding Companies [J]. Journal of Money, Credit & Banking, 2004, 36 (5): 827-958.

[69] Blau B M, Fuller K P. Flexibility and dividends [J]. Journal of Corporate Finance, 2008 (14): 133-152.

[70] Bonaimé A A, Hankins K W, Harford J. Financial flexibility, risk management, and payout choice[J]. The Review of Financial Studies, 2013, 27 (4): 1074-1101.

[71] Booth J R, Deli D N. On Executives of Financial Institutions as Outside Directors [J]. Journal of Corporate Finance, 1999, 5 (3): 227-250.

[72] Boubakri N, Cosset J, Saffar W. Political Connections of Newly Privatized Firms [J]. Journal of Corporate Finance, 2008, 14 (5): 654-673.

[73] Boubakri N, Guedhami O, Mishra D, Saffar W. Political connections and the cost of equity capital [J]. Journal of Corporate Finance, 2012, 18 (3): 541-549.

[74] Boyd B K, Fulk J. Executive Scanning and Perceived Uncertainty: A Multidimensional Model [J].Journal of Management, 1996, 22 (1): 1-21.

[75] Brandes L, Brechot M, Franck E. Managers' external social ties at work: Blessing or curse forthe firm? [J]. Journal of Economic Behavior and Organization, 2015, 109 (c): 203-216.

[76] Brandt L, Li H. Bank discrimination in transition economies: ideology, information, or incentives? [J]. Journal of Comparative Economics, 2003, 31 (3): 387-413.

[77] Brav A, Graham J, Harvey C, Michael R. Payout Policy in the 21st Century [J].

Journal of Financial Economics，2005，77（3）：483–527.

［78］Brounen D，Jong A，Koedijk K. Capital Structure Policies in Europe：Survey Evidence [J]. Journal of Banking & Finance，2006，30（5）：1409–1442.

［79］Brounen D，Jong A，Koedijk K. Corporate finance in Europe：Confronting theory with practice [J]. Financial Management，2004，33（4）：71–101.

［80］Bulan L T，Subramanian N，Tanlu L.When are Dividend Omissions Good News？ [J].SSRN Electronic Journal，2007（3）.

［81］Bulan L T，Subramanian N. A Closer Look at Dividend Omissions：Payout Policy，Investment and Financial Flexibility[J].SSRN Electronic Journal，2008（5）.

［82］Burak A G，Malmendier U，Tate G. Financial Expertise of Directors [J]. Journal of Financial Economics，2008，88（2）：323–354.

［83］Burris V.Interlocking Directorates and Political Cohesion among Corporate Elites [J]. American Journal of Sociology，2005，111（1）：249–283.

［84］Byoun S. Financial Flexibility and Capital Structure Decision[R]. Working Paper Series，2008.

［85］Byoun S. Financial Flexibility and Capital Structure Decision[R]. SSRN eLibrary，2011.

［86］Byoun S. Financial Flexibility，Leverage，and Firm Size[R]. Working Paper，2007.

［87］Campello M，Graham J，Harvey C. The Real Effects of Financial Constraints：Evidence from a Financial Crisis [J]. Journal of Financial Economics，2010，97（3）：470–487.

［88］Chan K S，Dang V Q T，Yan I K M. Chinese firms' political connection，ownership，and financing constraints [J]. Economics Letters，2012，115（2）：164–167.

［89］Chen H，Chen S. Investment–cash flow sensitivity cannot be a good measure of financial constraints：Evidence from the time series [J].Journal of Financial Economics，2012，103（6）：393–410.

［90］Chen M. Financial constraints to the investment of Chinese listed firms across firm characteristics[R]. The University of Nottingham Discussion Paper，2008.

[91] Chen T. Institutions，board structure，and corporate performance：evidence from Chinese firms [J]. Journal of Corporate Finance，2015（32）：217–237.

[92] Chen C J P，Li Z Q，Su X J，Sun Z. Rent–Seeking Incentives，Corporate Political Connections，and the Control Structure of Private Firms：Chinese Evidence[J]. Journal of Corporate Finance，2011，17（2）：229–243.

[93] Chow C K，Fung M K Y. Ownership structure，lending bias，and liquidity constraints：evidence from Shanghai's manufacturing sector [J]. Journal of Comparative Economics，1998，26（2）：301–316.

[94] Chow C K，Fung M K Y. Small businesses and liquidity constraints in financing business investment：evidence from Shanghai's manufacturing sector [J]. Journal of Business Venturing，2000，15（4）：363–383.

[95] Ciamarra E S. Monitoring by Affiliated Bankers on Board of Directors：Evidence from Corporate Financing Outcomes [J].Financial Management，2012，41（3）：665–702.

[96] Claessens S，Feijen E，Laeven L. Political connections and preferential access to finance：The role of campaign contributions [J]. Journal of Financial Economics，2008，88（3）：554–580.

[97] Clark B. The Impact of Financial Flexibility on Capital Structure Decisions：Some Empirical Evidence[R]. Working Paper，2010.

[98] Coase R H. The nature of the firm [J].Economica，New Series，1937，4（16）：386–405.

[99] Cull R，Xu L C，Zhu T. Formal finance and trade credit during China's transition [J].Journal of Financial Intermediation，2009，18（2）：173–192.

[100] Cull R，Li W，Sun B，Xu L C. Government connections and financial constraints：Evidence from a large representative sample of Chinese firms [J].Journal of Corporate Finance，2015（32）：271–294.

[101] Daniel B N D，Denis D J. Sources of financial flexibility：Evidence from cash flow shortfalls[R]. Working Paper，Drexel Universit，2010.

[102] DeAngelo H, DeAngelo L. Capital structure, payout policy, and financial flexibility [R]. Working Paper, University of Southern California, 2007.

[103] DeAngelo H, DeAngelo L, Stulz R M. Dividend Policy and the Earned/Contributed Capital Mix: a Test of the Life-cycle Theory [J]. Journal of Financial Economics, 2006, 81 (2): 227-254.

[104] DeAngelo H, DeAngelo L. Capital Structure, payout policy and Financial Flexibility [R]. Working Paper, University of Southern California, 2009.

[105] DeAngelo H, DeAngelo L, Whited T M. Capital Structure Dynamics and Transitory Debt [J]. Journal of Financial Economics, 2011, 99 (2): 235-261.

[106] Denis D J, McKeon S B. Debt financing and financial flexibility: Evidence from proactive leverage increases [J]. Review of Financial Studies, 2012, 25 (6): 1897-1929.

[107] Denis D J, Sibilkov V. Financial constraints, investment, and the value of cash holdings [J].Review of Financial Studies, 2010, 23 (1): 247-269.

[108] Denis D J, Osobo I. Why do Firms Pay Dividends? International Evidence on the Determinants of Dividend Policy [J]. Journal of Financial Economics, 2008, 89 (1): 62-82.

[109] Dill W R. Environment as an Influence on Managerial Autonomy [J]. Administrative Science Quarterly, 1958, 2 (4): 409-443.

[110] Dittmar A, Mahrt-Smith J. Corporate governance and the value of cash holdings [J]. Journal of Financial Economics, 2007, 83 (3): 599-634.

[111] Duncan R B. Characteristics of Organizational Environments and Perceived Environmental Uncertainty [J].Administrative Science Quarterly, 1972, 7 (3): 313-327.

[112] Faccio M, Parsley D C. Sudden death: taking stock of geographic ties [J]. Journal of Financial and Quantitative Analysis, 2009, 44 (3): 683-718.

[113] Faccio M, Masulis R, McConnell J J. Political Connections and Corporate Bailouts [J]. Journal of Finance, 2006, 61 (6): 2597-2653.

[114] Faccio M. Politically Connected Firms [J]. The American Economic Review,

2006, 96 (1): 369–386.

[115] Fama E F, French K R. Common risk factors in the returns on bonds and stocks [J].Journal of Financial Economics, 1993, 33 (1): 3–56.

[116] Fama E F, French K R. Testing Trade–off and Pecking Order Predictions About Dividends and Debt [J]. Review of Financial Studies, 2002, 15 (1): 1–33.

[117] Fan J P H, Rui O M, Zhao M. Public governance and corporate governance: evidence from corruption cases [J]. Journal of Comparative Economics, 2008, 36 (3): 343–364.

[118] Fan J P H, Wong T J, Zhang T Y. Politically– Connected CEOs, Corporate Governance, and Post–IPO Performance of China's Newly Partially Privatized Firms [J].Journal of Financial Economics, 2007, 84 (2): 330–357.

[119] FASB. SFAC No.5: Recognition and Measurement in the Financial Statements of Business Enterprises [M]. New York: Financial Accounting Standard Board, 1984: CON5–11.

[120] FASB. Preliminary Views on Financail Statement Presentation[R]. Discussion Paper, 2008.

[121] Faulkender M, Wang R. Corporate financial policy and the value of cash [J]. Journal of Finance, 2006, 61 (4): 1957–1990.

[122] Ferrando A, Marchica M, Mura R. Financial flexibility across the euro area and the UK[R]. European Central Bank Working Paper Series, 2014.

[123] Ferreira M A, Custodio C, Raposo C C. Cash Holdings and Business Conditions[R]. SSRN eLibrary, 2005.

[124] Fisman R. Estimating the Value of Political Connections [J]. American Economic Review, 2001, 91 (4): 1095–1102.

[125] Francis B B, Hasan I, Sun X. Political connections and the process of going public: evidence from China [J]. Journal of International Money and Finance, 2009, 28(4): 696–719.

[126] Frank M Z, Goyal V K. Capital structure decisions: which factors are reliably important? [J]. Financial Management, 2009, 38 (1): 1–37.

[127] Gamba A，Triantis A. The value of financial flexibility [J].Journal of Finance，2008，63（5）：2263–2296.

[128] Goldman E，Rocholl J，So J. Do Politically Connected Boards Affect Firm Value? [J]. Review of Financial Studies，2009，22（6）：2331–2360.

[129] Gordon R H，Li W. Provincial and local governments in China：fiscal institutions and government behavior [M]. Capitalizing China，National Bureau of Economic Research and University of Chicago Press，2011.

[130] Golden W，Powell P. Towards a Definition of Flexibility：in Search of the Holy Grail? [J].Omega，2000，28（4）：373–384.

[131] Graham J R，Harvey C R. The theory and practice of corporate finance：Evidence from the field [J].Journal of Financial Economics，2001，60（2/3）：187–243.

[132] Graham J R. How Big Are the Tax Benefits of Debt? [J]. Journal of Finance，2000，55（5）：1901–1941.

[133] Granovetter M. Economic action and social structure：The problem of embeddedness [J].American Journal of Sociology，1985，91（3）：481–510.

[134] Grullon G，Michaely R.The Information Content of Share Repurchase Programs [J].The Journal of Finance，2004，59（2）：651–680.

[135] Guariglia A，Liu X，Song L. Internal finance and growth：microeconometric evidence on Chinese firms [J].Journal of Development Economics，2011，96（1）：79–94.

[136] Guay W，Harford J. The Cash–Flow Permanence and Information Content of Dividend Increases Versus Repurchases [J]. Journal of Financial Economics，2000，57（3）：385–415.

[137] Guner A B，Malmendier U，Tate G. Financial Expertise of Directors [J]. Journal of Financial Economics，2008，88（2）：323–354.

[138] Harford J，Mansi S A，Maxwell W F. Corporate governance and firm cash holdings in the US [J].Journal of Financial Economics，2008，87（3）：535–555.

[139] Harford J. Corporate Cash Reserves and Acquisitions [J]. The Journal of Finance，1999，54（6）：1969–1997.

[140] Heath L C. Financial Reporting and the Evaluation of Solvency [J]. Accounting Research Monograph, New York: American Institute of Certified Public Accountants, 1978 (3): 1–153.

[141] Héricourt J, Poncet S. FDI and credit constraints: firm level evidence in China [J].Economic Systems, 2009, 33 (1): 1–21.

[142] Hess D, Immenkotter P. How much is too much? Deb capacity and financial flexibility[R]. Working Paper, University of Cologne, 2012.

[143] Huang Y. Selling China: Foreign Direct Investment During the Reform Era[M]. Cambridge University Press, New York, 2003.

[144] Jagannathan M, Stephens C P, Weisbach M S. Financial flexibility and the choice between dividends and stock repurchases [J]. Journal of Financial Economics, 2000, 57 (3): 355–384.

[145] Jensen M C, Meckling W H. Theory of Firm – Managerial Behavior, Agency Costs and Ownership Structure [J]. Journal of Financial Economics, 1976, 3 (4): 305–360.

[146] Jensen M C. Agency Costs of Free Cash Flow, Corporate Finance and Takeovers [J].American Economic Review, 1986, 76 (2): 323–339.

[147] Jong A D, Verbeek M, Verwijmeren P. Does financial flexibility reduce investment distortions? [J].Journal of Financial Research, 2012, 35 (2): 243–259.

[148] Keynes J M. The General Theory of Unemployment[A]//Interest and Money [M]. London: Harcourt Brace, 1936.

[149] Killi A M, Rapp M S, Schmid T. Can financial flexibility explain the debt conservatism puzzle? Cross–country evidence from listed firms [R].Working Paper, Technische University München, 2011.

[150] Knight F H. Risk, Uncertainty, and Profit [M].America: Houghton Mifflin Company, 1921.

[151] Lee C, Lee K, Pennings J M. Internal Capabilities, External Networks, and performance: A study on technology–based Ventures [J].Strategic Management Journal, 2001, 22 (6/7): 615–640.

[152] Lee Y, Song K R. Financial Crisis and Corporate Cash Holdings: Evidence from East Asian Firms [R]. Working Paper, 2010.

[153] Li H, Meng L, Wang Q, Zhou L A. Political connections, financing and firm performance: evidence from Chinese private firms [J].Journal of Development Economics, 2008, 87 (2): 283-299.

[154] Lie E. Financial Flexibility, Performance, and the Corporate Payout Choice [J].Journal of Business, 2005, 78 (6): 1-23.

[155] Lin K J, Tan J, Zhao L, Karim K. In the name of charity: political connections and strategic corporate social responsibility in a transition economy [J]. Journal of Corporate Finance, 2015 (32): 327-346.

[156] Lins K, Servaes H, Tufano P. What Drives Corporate Liquidity? An International Survey of Cash Holdings and Lines of Credit [J]. Journal of Financial Economics, 2010, 98 (1): 160-176.

[157] Liu Y, Mauer D C. Corporate cash holdings and CEO compensation incentives [J]. Journal of Financial Economics, 2011, 102 (1): 183-198.

[158] Lu Z F, Zhu J G, Zhang W N. Bank Discrimination, Holding Bank Ownership, and Economic Consequences: Evidence from China [J]. Journal of Banking and Finance, 2012, 36 (2): 341-354.

[159] Marchica M, Mura R. Financial Flexibility, Investment Ability, and Firm Value: Evidence from Firms with Spare Debt Capacity [J]. Financial Management, 2010, 39 (4): 1339-1365.

[160] Maurer N, Haber S. Related Lending and Economic Performance: Evidence from Mexico [J]. Journal of Economic History, 2007, 67 (3): 551-581.

[161] Meghana A, Asli D K, Vojislav M. Financing of firms in developing countries: lessons from research [R]. Policy Research Working Paper Series 6036, The World Bank, 2012.

[162] Michaely R, Thaler R H, Womack K. Price reactions to dividend initiations and omissions: overreaction or drift? [J]. The Journal of Finance, 1995, 50 (2): 573-608.

[163] Miller M H. Debt and taxes [J].The Journal of Finance, 1977, 32 (2): 261–275.

[164] Milliken F J. Three types of perceived uncertainty about the environment: state, effect, and response uncertainty [J]. Acedemy of Management Review, 1987, 12 (1): 133–143.

[165] Modigliani F, Miller M H. The Cost of Capital, Corporation Finance and the Theory of Investment [J]. American Economic Review, 1958, 48 (3): 261–297.

[166] Mura R, Marchica M. Financial Flexibility and Investment Decisions: Evidence from Low - leverage Firms[R]. Working Paper, 2007.

[167] Myers S C, Majluf N S. Corporate Financing and Investment Decisions When Firms Have Information That Investors Do Not Have [J]. Journal of Financial Economics, 1984, 13 (2): 187–221.

[168] Oded J. Payout Policy, Financial Flexibility, and Agency Costs of Free Cash Flow [J]. SSRN eLibrary, 2008.

[169] Opler T, Pinkowtiza L, Stulza R, Williamson R. The Determinants and Implications of Corporate Cash Holdings [J]. Journal of Financial Economics, 1999, 52 (1): 3–46.

[170] Peng M W, Luo Y D. Managerial Ties and Firm Performance in a Transition Economy: The Nature of a Micro–macro Link [J].Academy of Management Journal, 2000, 43 (3): 486–501.

[171] Pinegar J M, Wilbricht L. What Managers Think of Capital Structure Theory: A Survey [J]. Financial Management, 1989, 18 (4): 82–91.

[172] Pinkowitz L, Stulz R, Williamson R. Does the Contribution of Corporate Cash Holdings and Dividends to Firm Value Depend on Governance? A Cross–Country Analysis [J]. Journal of Finance, 2006, 61 (6): 2725–2751.

[173] Poncet S, Steingress W, Vandenbussche H. Financial constraints in China: firm–level evidence [J]. China Economic Review, 2010, 21 (3): 411–422.

[174] Rapp M S, Schmid T, Urban D. The value of financial flexibility and corporate financial policy [J]. Journal of Corporate Finance, 2014, 29 (C): 288–302.

[175] Reeves M, Levin S, Ueda D. The Biology of Corporate Survival[J]. Harvard Business Review, 2016, 94 (1): 46-55.

[176] Sheng S, Zhou K Z, Li J J. The effects of business and political ties on firm performance: Evidence from China [J].Journal of Marketing, 2011, 75 (1): 1-15.

[177] Singh K, Hodder J E. Multinational capital structure and financial flexibility[J]. Journal of International Money & Finance, 2000, 19 (6): 853-884.

[178] Silva F, Majluf N, Paredes R D. Family ties, interlocking directorates and performance of business groups in emerging countries: The case of Chile [J].Journal of Business Research, 2006, 59 (3): 315-321.

[179] Teece D J, Pisano G, Shuen A. Dynamic Capabilities and Strategic Management [J]. Strategic Management Journal, 1997, 18 (7): 509-533.

[180] Thompson J D. Organizations in action [M] .New York: McGraw-Hill, 1967.

[181] Volberda H W. Building Flexible Organization for Fast-Moving Markets [J]. Long Range Planning, 1997, 30 (2): 169-183.

[182] Wholey D R, Brittain J. Characterizing environmental variation [J]. Academy of Management Journal, 1989, 32 (4): 867-882.

[183] Williamson O. The economic institutions of capitalism [M] .New York: The Free Press, 1985.

[184] Wu W, Wu C, Zhou C, Wu J. Political connections, tax benefits and firm performance: evidence from China [J]. Account Public Policy, 2012, 31 (3): 277-300.

[185] Yung K, Li D Q D, Jian Y. The value of corporate financial flexibility in emerging countries [J].Journal of Multinational Financial Management, 2015 (32-33): 25-41.